잘나가는 직장상사의 시간관리 비법

EAT THE ELEPHANTS AND FIGHT THE ANTS By Tom McConalogue
Copyright ⓒ 2003 Blackhall Publishing All rights reserved
All rights reserved. No part of this book may be reproduced or transmitted
in any form or by any means, electronic or mechanical,
including photocopying, recording or by any information storage retrieval system,
without permission from Blackhall Publishing at blackhall@eircom.net.

KOREAN language edition published by SAERONBOOKS., Copyright ⓒ 2004
KOREAN translation rights arranged with BLACKHALL PUBLISHING,
through ENTERSKOREA CO., LTD., SEOUL KOREA

이 책의 한국어판 저작권은 (주)엔터스코리아(Enterskorea Co., Ltd)를 통한
Blackhall Publishing사의 독점 계약으로
도서출판 **새론북스**(SAERONBOOKS)가 소유합니다.
신 저작권법에 의하여 한국 내에서 보호를 받는 저작물이므로
무단전재와 무단복제를 금합니다.

잘나가는 직장상사의
시간관리 비법

현명한 선택을 통해 재치와 순발력을 발휘하라

톰 맥코낼로그 지음 | **정혜정** 옮김

새론북스

| 머리말 |

 지난 십 년 동안 시간관리가 점점 어렵고 복잡해진 이유는 두 가지다. 첫째, 우리가 일하는 환경이 변했기 때문이다. 고객은 발빠른 반응을 요구하고 부하와 동료들이 관리자에게 원하는 시간은 점점 늘어났다. 그리고 관리자에게는 서비스와 팀워크, 품질, 배달, 비용 면을 근본적으로 향상시켜야 할 책임이 커졌다. 조사결과에 따르면 이렇게 시간의 압박을 많이 받으며 더 빠른 속도로 오랫동안 일해야 하는 사람의 근무시간은 다른 사람보다 1년에 한 달 정도가 더 길다고 한다.
 둘째, 일상 업무에서 받는 요구에 반응하는 관리자들의 태도 때문이다. 기술과 정보체계가 발달하여 업무의 흐름이 빨라지면서 관리자들에게는 조직정비를 더 철저히 해야 할 필요가 생겼다. 관리란 하루의 일과를 처리하는 일이며 내일을 위해 오늘의 일을 끝내는 것이다. 사후대응과 사전행동을 전략적, 전술적으로 해야 한다는 뜻이다.

그러나 오늘이나 이번 주에 처리할 일들에 관심과 주의를 집중하다 보면 일은 끝냈지만 정작 필요한 일을 간과하기 쉽다.

> 능률적으로 일하는 것은 일을 제대로 처리하는 것이다.
> 효과적으로 일하는 것은 필요한 일을 처리하는 것이다.
> 우수하게 일하는 것은 필요한 일을 제대로 처리하는 것이다.

지금 관리자들이 마주하고 있는 가장 큰 어려움은 주의를 기울일 사소한 일들이 너무 많은 상황에서 더 크고 중요한 일에 어떻게 시간을 낼 것인가이다. 우리 삶에는 실천하기 어렵지만 아주 중요한 일들이 있다. 프로젝트를 시작하는 일, 귀찮은 서류작업, 살 빼기, 공부 등이 그것이다. 코끼리를 만진 다섯 장님의 이야기를 기억하는가? 그들이 묘사한 코끼리의 모습은 모두 달랐다. 규모가 큰일은 실체

를 파악하거나 오랜 기간 실천하기가 쉽지 않다. '진행중인 일은 모두 실패한 것처럼 보인다'는 로사베스 모스 칸터의 말처럼 말이다. 그러나 우리들의 삶에서 어렵고 중요한 일들은 대체로 크고 추상적이다.

우리의 일상에는 이렇게 큰 코끼리들 말고도 작은 개미들의 행렬이 끊임없이 이어진다. 그것은 무의식적으로 시간과 노력을 할애하는 사소한 일들이다. 하나를 처리하는 데는 몇 분밖에 걸리지 않지만 모두 더하면 엄청난 시간이 소비된다. 그러나 더 심각한 문제는 이들이 중요한 일에서 우리의 주의를 흐트러뜨린다는 사실이다. 그런데 코끼리를 귀찮게 하는 진드기와 흰개미처럼 우리는 이런 사소한 방해들에 익숙하며 심지어 그것을 즐기기도 한다. 개미들은 오래된 자동차나 나쁜 인간관계처럼 중요한 일을 처리하는 데 방해가 되지만, 이렇게 친숙한 것들을 떨쳐내기란 참으로 어려운 일이

다. 코끼리와 개미는 어렵고 복잡한 시간사용에 대한 해결책을 제시한다. 해야 할 일보다 하고 싶은 일에 시간과 힘을 쏟는 것은 생각보다 어렵다. 어렵고 복잡한 문제에는 항상 빠르고 간단한 해결책이 있지만 결코 옳은 방법은 아니다. 바쁜 일상을 정돈하고 일의 속도를 높이는 일보다 더 중요한 것은 코끼리와 개미를 분별해서 현명한 선택을 하여, 둘 사이의 균형을 찾아 중요한 일을 놓치지 않고 순발력과 재치를 발휘하는 일이다.

톰 맥코낼로그

머리말 · 4

Chapter 1 ▶ 시간선택을 잘하는 방법 · 10
나쁜 습관과 스트레스 · 12 더 나은 선택 · 17 시간관리를 잘하는 방법 · 23

Chapter 2 ▶ 시간의 흐름을 파악하라 · 24
바쁨의 함정 · 26 관리자들의 시간사용 · 34 시간관리를 잘하는 방법 · 37

Chapter 3 ▶ 항상 목표를 마음에 새겨라 · 38
도전의 창조 · 40 비전을 가지고 삶을 즐겨라 · 45 시간관리를 잘하는 방법 · 51

Chapter 4 ▶ 우선순위의 일에 초점을 맞춰라 · 52
미래의 일과 일상의 일(선행하는 일과 반응하는 일) · 54 시간관리를 잘하는 방법 · 65

Chapter 5 ▶ 중요한 일을 위한 시간계획 · 66
중요한 일을 할 시간 · 70 현재를 즐겨라 · 74 '할 일 목록'을 만드는 비결 · 77 월요일이 있음을 하느님께 감사드려라 · 80 주간 계획표 관리 비결 · 82 자신과 약속하라 · 84 수첩 사용 비결 · 87 시간관리를 잘하는 방법 · 91

Chapter 6 ▶ 일상적인 일과 급한 일을 다른 사람에게 맡겨라 · 92
일상적인 일은 다른 사람에게 맡겨라 · 94 책임감 위임하기 · 97 부하들의 권한을 강화하라 · 106 사소한 문제는 스스로 처리하게 하라 · 108 시간관리를 잘하는 방법 · 110

Chapter 7 ▶ 상사에게서 최선의 것을 이끌어내라 · 112

동맹 혹은 적대 · 114 가치 있는 시간을 만들어라 · 117 상사의 상황판단을 도우라 · 119 상사를 고객처럼 생각하라 · 122 시간을 낭비하게 만드는 상사들 · 126 참을 수 없는 상사들 · 129 좋은 부하가 되는 기술 · 133 시간관리를 잘하는 방법 · 135

Chapter 8 ▶ 자신의 우유부단함에 맞서라 · 136

자신의 우유부단함에 맞서라 · 148 지금 하라 · 141 다른 사람에게 맡겨라 · 143 무시하라 · 145 제거하라 · 147 마감을 정하라 · 150 각색하라 · 152 시간관리를 잘하는 방법 · 155

Chapter 9 ▶ 방해를 최소화하라 · 156

시간을 낭비하게 만드는 열 가지-1위부터(관리자 220명을 대상으로) · 158 휩쓸리지 말고 이겨내라 · 159 고질적인 시간낭비의 원인들 · 161 창조적인 해결책 · 164 사소한 일을 파악하는 능력을 길러라 · 170 시간관리를 잘하는 방법 · 173

Chapter 10 ▶ 중압감을 벗어버려라 · 174

유스트레스와 디스트레스(distress) · 176 증상과 원인 · 179 시간관리를 잘하는 방법 · 190

Chapter 11 ▶ 실천하라 · 192

성공을 계획하라 · 194 삶의 균형을 되찾자 · 196 계획은 미리 하고 실천은 지금 하라 · 198 시간을 죽이는 습관을 방치할 때 · 201 시간관리를 잘하는 방법 · 205

시간관리란 점점 통제하기 어려워지는 일들을 통제하는 것이다.
Managing Time is about taking more control of what is less and less controllable.

TIME

Chapter 1

시간선택을 잘하는 방법

효율적인 시간관리란 시간선택을 잘해서 일한다는 뜻이다. 관리자들이 토로하는 문제들은 대부분 할 일은 많고 시간은 제한된 데서 비롯된다. 따라서 어떤 일에 시간을 할애해야 효율이 극대화되는지 판단, 선택해야 한다. 마찬가지로 중요성에 따라 지금 할 일과 나중에 할 일을 선택하는 것도 시간관리다. 그러나 이렇게 어렵고 혼란스러운 선택을 하다보면 스트레스가 쌓인다. 사실, 신발이 두 켤레, 아침식사용 시리얼이 한 종류만 있던 시절에는 인생이 훨씬 단순했다.

Making Better Choice with Time

시간선택을 잘 하는 방법

● 나쁜 습관과 스트레스

시간에 쫓기면서, 여러 가지 힘든 선택을 해야 하는 상황에서 스트레스를 받는 관리자들에게는 뜻하지 않은 습관들이 생긴다. 그들이 보이는 특징은 다음 네 가지로 나뉜다.

모든 일을 다 하려고 한다

관리자들은 점점 증가하는 스트레스에 대처하기 위해 하루를 일찍 시작하고 늦게 끝낸다. 그리고 점심을 재빨리 해결하고 남은 일을 집으로 가져간다. 관리자 협회에서 발표한 최근 조사에 따르면 주 50시간 이상 일하는 관리자들은 38퍼센트이며 그 가운데 41퍼센트는 주말에 집으로 일감을 들고 간다고 한다.

오랜 시간 일하는 것은 습관이 될 뿐 아니라 모든 일을 다 해내려는 허황된 시도에 불과하다. 정시에 퇴근해 집으로 돌아가면 무엇을 해야 할지 모르는 사람들이 많다.

파킨슨의 법칙이 말하는 '남는 시간을 채우려고 하는 일'은 아무리 시간이 많아도 모든 일을 다 마칠 시간은 없다는 사실을 상기시킨다. 일하는 시간을 늘려서 많은 업무량과 시간제약의 문제를 해결하려는 시도는 서툴기 짝이 없다. 이것은 관리를 하는 것이 아니라 오히려 관리를 당하는 일이다.

급한 일을 먼저 한다

둘째로, 시간에 쫓기는 관리자들에게는 중요한 일보다 급한 일을 먼저 하는 습관이 생긴다. 급한 일은 아주 많지만 정말로 중요한 일은 얼마 되지 않는다. 하느님은 우리 가운데 한 사람이 길에서 쓰러지면 그가 하던 일을 다른 사람이 아무 문제없이 이어받을 수 없게 하셨다. 이 사실은 우리의 조직에 대한 공헌도가 하루에 처리하는 일상 업무의 분량이 아니라 그날 이룬 몇 가지 중요한 일에 좌우됨을 말해준다. 그러나 일상에서는 중요한 일이 맨 뒤로, 때로는 고된 하루 일과가 끝나고 생각이나 계획을 할 기력이 다 떨어진 뒤로 밀리는 경우가 많다.

급한 일에 초점을 맞추다보면 일의 목표나 성취 욕구를 추구하지 못하고 행위 자체에 힘없이 이끌린다.

일상에 파묻힌다

시간 때문에 스트레스를 받는 관리자들에게 생기는 셋째 습관은 일상에 파묻히는 것이다. 관리자들은 날마다 처리해야 하는 통신, 보고서, 서류작업 그리고 약속들에 시간을 들이면서도 효율성은 전혀 고민하지 않는다. 예를 들어 편지함을 열고 전자우편을 확인하고 전화 메시지에 응답하고 메모지에 적힌 내용들을 수행하는 일처럼 지루하지만 편안한 일들에 하루의 첫 시간을 할애하는 것이다. 당신도 휴일이 지나고 사무실에 돌아가 메시지와 전자우편, 메모 내용을 정리하면서 아침의 한두 시간을 느긋하게 보내는 일을 좋아하지 않는가? 모두 솔직해지자.

관리자들의 하루 일과는 대부분 사람들을 만나는 데 쓰이며, 일은 거의 하지 않을 때가 많다. 그러나 이렇게 일상적이고 사소한 일에 계속 매달리는 이유는 친숙한 일을 계속함으로써 힘들고 어려운 부분을 하지 않아도 되는 편리한 알리바이를 댈 수 있기 때문이다.

거절하지 못한다

회의를 끝내고 나오면서 '예'라고 대답한 자신을 걷어차고 싶은 적이 얼마나 많은가! 관리자들의 70퍼센트 이상은 '예'라는 대답을 자주 하며 자신의 모질지 못한 성격을 나중에 후회한다고 한다.

'아니오'라고 말해야 할 때 '예'라고 말하는 이유는 두 가지다. 스트레스를 받을 때는 '예'라고 말하기가 더 쉽다. 특히 그것이 먼 미래의 일일 때 더욱 그렇다. 동료가 당신에게 3주 안에 어떤 일을 해달라고 하면 아마 그러겠다고 할 것이다. 그러나 동료가 지금 모든 일을 중단하고 한 시간만 내달라고 하면 당신은 좀더 신중하게 답할 것이다.

'아니오'라고 말해야 할 때 '예'라고 말하는 또 다른 이유는 자신이 하는 일의 방향이 분명하지 않기 때문이다. 많은 시간을 할애할 일을 분명히 정하지 못한다면 다른 사람의 부탁에 '아니오'라고 대답하기는 더욱 어렵다. 반대로 이틀 안에 완성할 중요한 보고서를 만들고 있다면 사람들에게 '아니오'라고 쉽게 말할 것이다. 그렇다고 모든 사람의 요구를 거절하라는 것은 아니다. 시간을 효율성 있게 쓰고, 성급한 판단을 내려 시간을 허비한 뒤에 후회하지 않도록 올바른 선택을 해야 한다는 뜻이다.

표 1.1 : 증상과 나쁜 습관

다음의 증상이나 습관에 점수를 매겨보자(문제가 심각하다-2, 문제가 있다-1, 문제가 없다-0).

1. 오랜 시간 일하거나 집으로 일거리를 가져간다.
2. 과로하거나 일에서 스트레스를 받는다.
3. 일을 할 때 항상 응급상황과 위기를 만난다.
4. 가장 중요한 일에 충분한 시간을 할애하지 못한다.
5. 서류작업과 일상의 행정업무에 너무 많은 시간을 소비한다.
6. 다른 사람이 해도 되는 일상적인 일을 하고 있다.
7. '아니오'라는 말을 자주 하지 않는다.
8. 고객, 동료, 직원들의 수많은 요구에 일일이 대응한다.

점수를 더한다.

1-2 : 일을 너무 많이 한다.
3-4 : 급한 일만 처리하고 있다.
5-6 : 일상적인 일에 집착한다.
7-8 : '예'라는 말을 너무 자주 한다.

시간에 쫓기는 관리자들에게는 단기적으로는 자신을 망가뜨리고 장기적으로는 고질적으로 몸에 배는 버릇이 생긴다. 그리고 나쁜 버릇들이 흔히 그렇듯 잘 깨뜨려지지 않는다. 왜냐하면 관리자들은 오랜 시간 일하고 급한 일들을 처리하는 것을 더 편하게 느끼기 때문이다. 스트레스와 과로를 인정하면서도 그것을 고치는 데 투자하지 않는 사람들도 많다. 자신의 비효율성을 정당화하고 다른 사람의 동정을 얻기 쉽기 때문이다. 그러나 자신에게 물어보자. '내 문제들 가운데 일에서 비롯된 것은 어느 정도인가? 나는 그저 흐르는 대로 움직이고 있지 않은가?' 어쩔 수 없는 때도 있기는 하지만 관리자들은 대체로 습관이나 자신의 선택에 따라 시간을 사용한다. 통제할 수 있는 것과 그렇지 않은 것을 인식하는 일은 더 나은 선택을 하는 중요한 첫걸음이다.

신이시여, 저에게 바꿀 수 없는 일들을 수용하는 침착함과 바꿀 수 있는 일들을 바꾸는 용기와 그 차이를 아는 지혜를 주옵소서.

시 간 선 택 을 잘 하 는 방 법

● 더 나은 선택

　인간과 자본, 설비처럼 시간도 하나의 자원이지만 그것을 관리하고 통제하는 일은 정말 어렵다. 시간은 항상 부족하며 순식간에 없어진다. 오늘 한 시간을 아껴 내일에 붙여 쓸 수도 없다. 사소한 일, 하지 않아도 되는 일, 다른 사람에게 맡겨도 되는 일에 들인 시간과 방해를 받아 낭비된 시간들을 빼고 나면 정말 생산적인 일을 한 시간은 하루에 두세 시간밖에 없다. 피터 드러커, 에드워드 데밍, 가레스 모건 등은 관리자들이 통제할 수 있는 시간은 전체의 25퍼센트에도 미치지 못한다고 입을 모은다. 귀한 시간을 현명하게 쓰는 유일한 방법은 사람과 사건에 휘둘리지 않고 자신이 원하는 일을 스스로 선택하는 것이다.

습관 1 : 시간의 용도를 파악하라

자신을 관리하는 첫 단계는 미래의 목표를 인식하는 일이 아니라 지금 자신이 시간을 어떻게 사용하는지를 인식하는 일이다. 관리자들은 대부분 중요한 과제에 할애하는 시간을 50퍼센트 이상이라고 믿는다. 그리고 어제를 어떻게 보냈는지 심각하게 생각하는 사람은 드물다. 하물며 지난 주는 이미 잊힌 지 오래다. 자신의 시간이 대체 어디로 흘렀는지를 알려주는 자료가 없다는 사실이 관리자들에게는 가장 커다란 장애물이다.

습관 2 : 목표를 잊지 말라

목적지를 모르면 엉뚱한 곳에 도착한다. '관리'란 오늘의 일은 물론 미래의 일도 변화시키고 개선, 개발하는 일을 뜻한다.

관리자들은 대부분 자신의 능력을 전략적으로 사용하지만 미래를 관리하는 일과는 전혀 관계없는 활동으로 하루를 보낼 때도 많다. 관리자로서 일의 방향을 찾는 일도 중요하지만 당신의 꿈과 희망을 다른 사람들과 나누면 그 일이 훨씬 쉬워진다는 사실을 명심하자.

습관 3 : 우선순위에 따라 일하라

모든 일이 똑같이 중요하다는 생각 때문에 일의 효율성을 놓치는 관리자들이 많다. 그들에게 핵심이 되는 일을 나열하라고 하면 모두 네다섯 가지를 쉽게 써내려간다.

우선순위에 따라 일하는 것이 좋다는 데는 이견이 없지만 문제는 그 일들을 처리할 시간이 없다는 데 있다. 분명한 우선순위를 정한 관리자들도 정작 최우선인 일을 처리하는 데 들이는 시간은 아주 적다. 헨리 민츠버그의 『관리직의 속성The Nature of Managerial Work』에 따르면, 최우선의 일을 처리하는 데 쓰는 시간은 전체 근무시간의 10퍼센트도 안 된다다. 전반적인 방향을 설정하는 장기계획 말고도 하루와 한 주 동안 집중해야 할 일의 계획을 세우는 것도 매우 중요하다.

습관 4 : 중요한 일을 위해 시간을 계획하라

우선순위를 정하면 가장 중요한 일이 많은 시간을 할애하며 집중할 수 있다. 어떤 일을 최우선으로 한다면서 그 일에 하루종일 혹은 일주일을 할애하지 않는다면 그것은 우선순위가 낮은 일이다. 인간관계를 맺거나 시험에 합격하고 다이어트를 하는 일처럼 중요한 일들은 시간을 할애한 만큼 성취할 수 있다. 성취도가 낮은 관리자들은 '시간이 없어서', '스트레스 때문에'라는 변명을 늘어놓는다. 그러나 정말로 하고 싶은 일에는 항상 시간을 낸다. 이를테면 국제회의나 골프모임에 참석하는 일들이 그렇다. 최우선순위의 일을 하려면 할 일의 목록을 작성하고 일정표에 기록해서 시간을 만들어야 한다. 시간이나 요일을 특별히 정해서 규칙적으로 일하는 방법도 좋다.

습관 5 : 일상의 일들은 다른 사람에게 맡기라

중요한 일에 시간을 많이 할애하는 것은 덜 중요한 일상의 일을 직원들에게 맡긴다는 뜻도 된다. 그러면 직원들의 문제해결 능력이 향상되고, 위험을 감수하고 실수를 하더라도 배울 수 있다. 서류작업이나 회의 시간을 줄이고 당사자에게 직접 일을 맡기는 방법도 있다. 가장 중요한 일에 아침 첫 시간을 할애하는 습관을 들이면 덜 중요한 일이 자연스럽게 뒤로 미뤄진다.

습관 6 : 자신의 우유부단함을 직시하라

중요한 일에 아무리 집중한다 해도 보고서를 작성하고 직원들의 근무태도를 평가하며 골칫덩이들을 상대하다보면 그 일은 어느새 뒷전으로 밀려난다. 적극적으로 일하는 사람이라도 일을 미루거나 우유부단한 성격을 드러낼 때가 있다. 실패가 두려워서 시작도 하지 않거나 위기가 닥쳐야 비로소 행동하는 관리자들도 있다. 우유부단함에 따르는 불안감을 극복하려면 실패를 두려워하지 말고 그 일에 도전할 가치가 있다고 생각해야 한다.

습관 7 : 상사로부터 최선의 것을 얻어내라

관리자들은 주로 아래에서 올라오는 일에 방해받지만 윗사람의 영향에서도 자유롭지 않다. 어떤 상사와 동료는 비현실적인 마감시간을 정해 관리자들의 정신을 산만하게 하고 우선순위를 바꿔놓기도 한다. 그래도 관리자들은 동료와 상사들이 원하는 목표를 달성하는 데 힘써야 한다.

윗사람을 관리하는 일은 적절한 접근법과 시기를 잘 찾아 관리자의 일에 도움을 주거나 방해할 수 있는 위치의 사람들에게 영향력을 미치는 것을 뜻한다. 다른 인간관계에서도 마찬가지다. 그 사람을 이해하고 정보를 공유하며 시간을 할애하면 관계는 발전한다.

습관 8 : 주의를 산만하게 하는 일을 최소화하라

관리자들의 하루는 전화와 방문객, 사소한 문제들과 회의로 항상 방해를 받는다. 이삼 분도 걸리지 않는 일들이 대부분이지만 이렇게 낭비되는 시간을 모으면 엄청난 분량임을 자각하라. 모두 일의 한 부분이므로 한번에 없애기는 어렵지만 그 가운데는 스스로 만든 일도 있다. 이 점을 인식하면 좋은 출발을 할 수 있다. 시간을 낭비하게 하는 일들을 그 자체로 즐기자. 그러나 그것을 최소화하고 중요한 일에 미치는 영향을 줄이자.

습관 9 : 일의 압박감에서 벗어나라

촉박한 마감시간이나 위기상황을 앞에 두면 당연히 스트레스를 받는다. 이것은 관리자들이 일에서 받는 중압감의 부정적 측면이다. 이런 중압감을 커피나 담배 혹은 자기만의 방법을 써서 해결하려고 하지만 불면증이나 집중력 결핍, 소화 장애만 더해질 뿐이다.

스트레스를 해결하는 데는 크게 두 가지 접근법이 있다. 하나는 하루의 긴장을 풀 시간을 갖는 일이고, 또 하나는 스트레스의 원인을 줄이거나 제거하는 습관을 기르는 것이다.

습관 10 : 시작하라

관리자들은 상사에게 인정받고 승진하려 노력하면서 여러 가지 모습으로 시간의 압박에 반응한다. 그 가운데는 다른 사람에게서 배운 나쁜 습관도 포함된다. 이런 습관들은 단기적인 위기나 응급상황을 처리하는 데는 도움이 되지만 그 효용에 비해 너무 많은 것을 잃게 한다. 그리고 그 대가는 혹독하다. 자신의 건강과 단란한 가족과의 시간을 희생하고 후회하는 이들이 얼마나 많은가? 오랜 시간 동안 일에 몰두하느라 인생의 다른 일들을 성취하지 못했음을 깨닫는 사람들이 얼마나 많은가? 죽음의 문턱에서 더 많이 일하지 못한 것을 후회하는 사람들이 얼마나 많은가?

시간을 관리하는 것은 선택의 여지가 많지 않음을 받아들이는 일이다. 바쁜 일과를 조율하는 방법을 찾고 주어진 시간 속에서 자신이 정말로 성취하고 싶은 일에 도전하자. 건강을 해치고 성취감을 빼앗는 나쁜 습관을 없애자. 정말로 성취하고 싶은 일에 집중하고 그 일을 위해 시간을 계획하라. 가장 많은 시간이 낭비되는 일을 찾아 개선하고 삶의 균형을 되찾는 방법을 찾자. 스스로 시간관리를 하지 않으면 시간의 지배를 받기 쉽다.

시간관리를 잘하는 방법

바쁘지 않은 사람은 없다. 문제는 '무엇을 하느라 바쁜가?'이다. 그 가운데는 일에 관련되어 개선하기 어려운 것들도 있지만 우리가 선택할 수 있는 것이 대부분이다. 여러 가지 나쁜 습관들 중에는 시간선택의 어려움을 피하려는 태도도 있다. 즉, 모든 일을 다 해내려고 하거나 중요한 일을 버리고 급한 일에만 매달리며 익숙한 일상적인 일이 주는 편안함에 안주하고 거절해야 할 일을 승낙하는 태도이다.

급한 일이나 사소한 일상의 일들을 과감히 줄이고 진정한 도전을 감행함으로써 현명하게 시간을 사용하자.

모든 일을 다 할 시간은 없지만 필요한 일을 할 시간은 충분하다.
You will never have time for everything
And yet you have all the time there is

TIME

Chapter **2**

시간의 흐름을 파악하라

시간의 문제에 부딪친 관리자들은 손쉬운 만병통치약부터 찾는다. 새로운 다이어리를 사거나 업무방식을 바꾸고 직원을 추가로 고용하기도 한다. 당신이 이 책을 산 이유도 그렇지 않은가? 해결책을 구하려고 말이다.

그러나 살을 빼려고 헬스클럽에 왔다고 상상해보자. 트레이너는 어떤 해결책을 제시할까? 첫날부터 운동과 식이요법으로 구성된 과격한 다이어트를 권하겠는가? 아니다. 먼저 체력테스트를 하고 체중을 재거나 요즘 어떤 음식을 먹고 있는지를 물을 것이다. 당신의 습관을 바꾸는 데는 정보가 필요하기 때문이다.

마찬가지로 자신의 삶에 일어나는 일들을 인식하고 삶을 사는 데는 또 다른 방법이 있음을 이해하면 미래를 바꿀 수 있다.

시간사용의 습관을 변화시키기 어려운 이유는, 시간을 어디에 썼는지에 관한 정보를 전혀 갖고 있지 않기 때문이다. 관리자들은 대부분 어제 무엇을 했는지 자세히 기억하지 못하며 지난 주의 일은 더욱 그러하다. 게다가 이들은 시간에 대한 판단력이 아주 흐리다. 일을 처리하는 데 필요한 시간을 과소평가하기 일쑤고, 또 중요한 일에 충분한 시간을 할애한 적은 한 번도 없다. 게다가 필요한 시간의 절반 안에 직원들이 일을 마칠 수 있다고 생각한다. 이처럼 원료와 자금, 설비를 철저히 관리한다고 자부하는 여러 기업들이 직원들의 시간사용에 대한 정보는 전혀 갖고 있지 않다는 사실은 정말 큰 문제이다.

Know where the Hours are Going

시 간 의 흐 름 을 파 악 하 라

● 바쁨의 함정

　보통 사람들처럼 관리자들도 시간에 대한 판단력이 흐리다. 좋아하는 일을 할 때는 시간이 화살처럼 빨리 지나가고 싫어하는 일에는 느리게 흐르기 때문이다. 앨버트 아인슈타인은 상대성이론을 정리하면서 "아름다운 여성과 보내는 일 분과 뜨거운 불 위의 일 분은 완전히 다른 시간이다"라고 말했다. 즉, 시간은 일정한 것처럼 보이지만 빨리 가기도 하고 느리게 가기도 한다.

　편안한 자세로 앉아 타이머나 시계를 들고 일 분의 길이를 느껴보자. 초를 세고 싶은 유혹을 떨치고 그저 시간을 느끼려 노력하자. 일 분이 지났다고 생각될 때 시계를 보고 자신의 느낌과 얼마나 다른지 확인하자. 대부분 15초 이상 차이가 난다.

　시간이 어디로 흐르는지 혼란스러운 관리자들은 노력에 미치지 못

하는 성과를 만회하려고 더욱 힘들게 일한다. 자신의 시간사용법을 반성하지 않고 바쁘게 일하면 적어도 성실해보일 것이라고 생각한다. 그러나 그 성실함은 오랫동안 일을 하고, 일거리를 집으로 가져오며, 평범하고 사소한 일에 지나치게 신경 쓰는 모습을 뜻한다.

  시간을 잘 관리하는 일은 하루에 더 많은 일을 처리하는 것이 아니라 중요한 일에 집중하는 동시에 활동을 방해하는 함정을 피하는 과정이다. 그리고 그 출발점은 자신의 시간이 어디로 흘러가는지를 확인하는 일이다. 하루나 일주일을 기준으로 시간을 어떻게 사용했는지를 평가하기 위해 일지나 일기를 쓰고 시간에 대한 자신의 느낌이나 후회를 기록하는 것이 가장 효과적이다.

시간일지 쓰기

  시간사용을 평가하는 일을 복잡하게 할 필요는 없다. 다만 일에 쏟는 시간에 비해 성취도가 낮고 중압감을 계속 느낀다면 이틀 정도 간단한 근무일지를 기록해보자.

  선이 그려진 종이를 준비해서 한 줄을 15분으로 정한다. 이틀 동안 15분 동안 한 일을 기록한다. 가능한 한 정확한 시간을 기록하고 한 시간 이상 기록을 미루지 않는다. 일과가 끝날 때는 하루에 일한 시간을 모두 합한다.

표 2.1 : 시간일지

이제 그 자료를 다음 네 가지 제목에 따라 분석한다.

		P.	D.	W.	O/M
8:30-8:45	하루 일과 확인	V			M
8:45-9:00	우편함 열기		V		O
9:00-9:15	답장하기		V	V	O
9:15-9:30	질문에 응답하기		V		O
9:30-9:45	질문에 응답하기		V	V	O
9:45-10:00	회의			V	M
10:00-10:15	회의			V	O
10:15-10:30	회의	V			O
10:30-10:45	MBWA	V			M
10:45-11:00	회의				O
		30%	50%	40%	30%

P : 우선순위 D : 위임 W : 시간을 낭비하게 만드는 것들 O/M : 운영과 관리

1. **우선순위** 첫째 열에서는 모든 15분에 해당하는 활동 가운데 그날의 우선순위에 해당하는 항목에 표시한다. 우선순위란 그날 꼭 해야 하거나 시간이 많이 필요한 일이 아니라 자신이 성취하려는 일에 중요한 영향을 미치는 과제를 말한다. 우선순위를 정할 때는 원칙을 철저히 지킨다. 우선순위에 해당하는 일은 소수임을 명심하자. 이제 우선순위의 활동에 할애한 시간을 더해 전체 시간에서 차지하는 비율을 계산한다.

2. **위임** 둘째 열에서는 위임할 수 있는 활동들, 즉 다른 사람에게 시킬 수 있거나 맡겨야 할 과제들에 표시한다. 여기에는 우선순위를 갖는 활동들도 포함된다. 전체를 위임할 수는 없어도 한 부

분을 다른 사람이 담당하도록 할 수 있다. 그 외에도 할애하는 시간을 줄이거나 거절할 수 있는 일에도 표시한다. 이제 모든 시간을 더해 전체 시간에서 차지하는 비율을 계산한다.

3. **시간을 낭비하게 만드는 것들** 다음 열에는 방해를 받아 낭비된 시간들에 표시한다. 하려던 일을 방해받았거나 거절했어야 하는 일도 포함된다. 그러나 시간을 낭비하게 하는 것들도 일의 일부이므로 구별하기 힘들 때가 있다. 따라서 중요한 일을 못하게 하거나 관리능력에 악영향을 미칠 때만 문제 삼는다. 역시 모든 시간을 더해 전체 시간에서 차지하는 비율을 계산한다.

ㄴ. **운영과 관리** 마지막 열에는 각 활동에 대해 관리와 운영 업무를 구분하여 표시한다. 운영은 알파벳 O, 관리는 M으로 표시한다. 구분이 명확하지 않은 일도 있지만 관리활동은 '다른 사람들을 통해 결과를 성취하는 일'을 뜻한다. 계획, 위임 혹은 결과 평가가 여기에 속한다. 반대로 운영 업무는 다른 사람에게 위임할 수 있는, 기술적이며 전문성이 필요한 부분을 말한다. 역시 모든 시간을 더해 전체 시간에서 차지하는 비율을 계산한다.

분석을 끝내면서 자신에게 몇 가지 질문을 하거나 스스로를 논평하는 글을 반 페이지 정도 쓴다.

- 어떤 날이었나 : 효율적이었는가 아니면 바빴는가?
- 좋았거나 실망한 부분은 무엇이었나?
- 다른 날과 어떻게 다른가?

- 자료를 통해 최근에 시간을 어떻게 사용했으며 어떤 개선방법이 있는지 알게 되었는가?

이틀 동안 근무일지를 쓰면 모든 일이 분명히 드러나므로 곤란할 때가 많지만 안심이 되기도 한다. 일지를 쓰는 관리자들은 우선순위의 일에 얼마나 적은 시간을 투자하는지를 깨닫고 놀랄 때가 많다. 직원들의 업무 한계를 확실히 규정짓고 책임을 분담시키면 훨씬 많은 일을 위임할 수 있다. 또 관리자들의 하루 가운데 20퍼센트는 그들의 일과를 산산조각내거나 중요한 우선순위를 파괴시키는 다른 사람들의 방해로 낭비된다.

표 2.2 : 핵심 업무 분석

시간일지를 간단히 작성할 때는 6~8가지 핵심과제를 나열하고 일주일 동안 이 일에 할애한 시간을 기록한다. 중요한 활동에 투자한 시간을 기록만 해도 충분히 달라질 수 있다.

과제	M	T	W	T	F	합계

일지 평가

관리자들이 쓴 시간을 기록한 것이 일지다. 일지는 미래의 일을 계획하는 데 유용한 도구이지만 처음부터 거절했어야 하는 일도 기록되어 있어서 과거를 반성하는 도구로 사용되기도 한다. 또 관리자들은 일지를 상세히 기록하면서 편안함을 느낀다. 그곳에 기록된 하루 일과를 그대로 따르기만 하면 되기 때문이다. 관리자들은 중요한 일을 희생하면서, 다른 사람에게 자신의 시간을 내어주면서, 하루를 비효율적으로 보낸 일에 대한 변명을 위해 꼼꼼히 기록한 업무일지를 내민다.

회의나 방문, 출장, 프레젠테이션, 사람들과의 연락, 약속과 같은 특별한 활동에 쓰인 시간자료는 3주에서 6개월 동안의 일지를 분석하면 얻을 수 있다. 그 결과로 시간이 많이 걸리는 일과 시간을 더 할애해야 할 일을 구별한다.

> 건강관리센터의 서비스담당 이사인 앨런은 회의와 일상 업무, 외부 업체와의 업무처리에 많은 시간을 쓴다. 여러 회의실을 정신없이 옮겨다니던 그는 지난 6개월 동안 회의에 사용된 시간을 계산해서 그것을 내부와 외부, 일상, 응급상황 그리고 팀 회의로 분류할 필요를 느꼈다.
> 그 결과 한 달에 외부 업체와의 회의에 60시간을 썼지만 내부 직원들과의 회의에는 세 시간도 투자하지 못했음이 밝혀졌다. 그는 외부 회의에 참석하는 횟수를 줄이고 나머지는 직원에게 대신 참석하게 함으로써 20시간으로 줄인다는 목표를 세웠다. 또 '일대일 미팅'과 주간 회의를 포함해 직원들과의 회의를 일주일에 여섯 시간으로 늘린다는 목표도 세웠다. 이제 그는 주말마다 이 두 목표에 비추어 일지를 평가하며 시간을 새롭게 계획하고 있다.

지난 6개월 동안 중요한 활동과 다른 활동에 쓴 시간을 비교하는 일도 일지를 분석하는 한 방법이다. 그리고 회의나 방문에 걸린 시간을 계산할 때는 이동과 준비시간도 포함시킨다.

자신의 감정에 충실하라

시간기록이나 일지를 분석하면서 시간을 쓰고 난 느낌도 반드시 기록한다. 때로는 이런 '감정 데이터'가 변화에 가장 큰 도움이 된다. 스트레스를 받는 정도, 역할에 대한 혼란, 계속되는 압박감 혹은 단순히 시간에 대한 통제력을 상실한 느낌 등이 여기에 포함된다.

감정을 자료화하려면 밤마다 5분씩 투자해서 하루를 돌아보고 기록한다. 무엇을 성취했는가? 노력한 일이 좌절된 이유는 무엇인가? 내일, 같은 일이 반복되지 않게 하려면 어떻게 해야 하는가? 날마다 기록하는 일이 어렵다면 다음 주를 계획하는 금요일에만 할 수도 있다. 아니면 중압감을 느낄 때마다 원인을 찾고 분노를 가라앉히는 방법으로 자신의 느낌을 종이에 적는 것도 좋다.

또 일하는 방식에 문제가 있다면 다른 사람에게 조언을 구함으로써 좌절의 원인을 알 수 있다. 시간을 사용하는 방식에 대해 직원들의 평가를 받음과 동시에 그들도 자신의 시간을 반성하도록 한다. 지나치게 일을 많이 하면서도 도움은 전혀 못 받는 관리자들은 직원들과 일을 분담하기를 거부하고 혼자 처리하기 때문이다. 그러나 자신에게 물어보라. 직원들은 어떤 일을 바쁘게 하고 있는가? 그들의 시간을 분석해보면 사소한 일과 급한 일에 많은 시간을 허비한다는 사실을 알게 될 것이다. 또 관리자로서 당신이 원하는 결과가 성취되도록 돕는 것이 그들의 일임을 명심하자. 만족스러운 도움을 받고 있지 못하다면, 그들의 일과 우선순위에 대한 생각이 당신과 다르기 때문이다.

시 간 의 흐 름 을 파 악 하 라

● 관리자들의 시간사용

 시간은 일을 하는 데 가장 중요한 자원이다. 따라서 시간을 잘 관리하려면 가장 효율적인 일에 현명하게 사용해야 한다. 관리자들의 시간일지 60일분과 관찰연구의 자료를 보면 현재의 여러 기업이 과도한 행정업무와 미숙한 관리의 문제를 안고 있음을 알게 된다.

▶ **관리자들은 우선순위 일에 아주 적은 시간을 할애한다**

 관리란 목표를 정하고 성취하는 일이지만 관리자들은 우선순위로 정한 과제에 하루의 10퍼센트도 할애하지 않는다. 중요한 일에 시간을 집중하는 대신 그들은 시간을 작은 파편으로 나눠 사소한 일이나 급한 일에 허비한다. 그리고 이런 방식을 즐긴다.

▶ **하루, 일주일 혹은 장기 계획을 세우는 관리자들은 별로 없다**

 관리자들은 날마다 다른 사람이 일으킨 위기상황에 대처하느라 시간을 허비한다. 자신의 계획이 없기 때문이다. 하루의 계획에 5분도 투자하지 않는 관리자들이 많다. 그들은 수첩을 들춰보며 아이디어를 찾거나 전자우편을 열어보며 첫 회의시간을 기다린다.

현실
- 관리자들의 하루 가운데 우선순위 과제에 쓰이는 시간은 10퍼센트 미만이다.
- 관리자들이 관리 업무에 할애하는 시간은 30퍼센트 미만이다.
- 관리자들의 일은 방해로 인해 7분마다 중단된다.
- 관리자들의 하루의 90퍼센트는 9분도 걸리지 않는 활동에 사용된다.
- 회의를 하는 데 쓰이는 시간은 36~69퍼센트나 된다.
- 시간을 생각하는 시간은 하루의 5퍼센트 미만이다.
- 고위관리자들이 전략적인 사안에 할애하는 시간은 3퍼센트 미만이다.

한 달이나 중장기 계획 또는 미래의 비전을 가진 관리자들은 아주 적다. 그러나 시간을 잘 사용하는 데 무엇이 필요하냐고 물으면 놀랍게도 계획이라는 대답이 가장 먼저 나온다.

▶ **관리자들은 계속해서 방해를 받는다**

관리자들은 업무의 성과가 없는 이유를 잦은 방해 때문이라고 변명한다. 전화나 손님, 작은 위기와 같은 상황은 7분다다 한 번씩 일어나며 관리자들은 이런 일들 사이에서 중요한 일을 처리한다.

비록 짧은 시간 안에 끝나는 일이 대부분이지만 모두 더하면 하루의 25퍼센트나 된다. 이런 상황은 중요한 일에 집중하기 어렵도록 만들며 생각할 힘이 별로 남지 않은 시간에 그 일을 처리할 수밖에 없도록 조장한다.

▶ **관리자들이 직원들과 보내는 가치 있는 시간은 아주 적다**

관리자들의 시간 가운데 30퍼센트는 직원들과 함께이지만 그 시간들은 대부분 급한 문제나 그날의 중심 사안을 처리하는 데 집중된다. 관리자들은 직원들을 훈련하고 업무성과를 평가하거나 상담하는 데는 거의 시간을 내지 못한다. 그 결과 직원들이 정보와 경쟁력을 갖추었다면 충분히 할 수 있는 일을 관리자 혼자서 처리해야 하는 상황이 발생한다.

오늘날 관리자들은 고객과 경쟁자들의 변화 요구에 보다 탄력 있게 대응해야 한다. 관리자들이 피로와 스트레스를 느끼는 것은 중요한 일에 집중하고 사소한 일들을 과감히 생략해야 할 환경에 적응하지 못해서이다. 그 해결책은 균형감각일 것이다. 즉, 관리자들은 급한 사안에 탄력적으로 대응하면서 미래의 계획에 정확히 집중해야 한다. 계획이나 방향이 없는 탄력성은 혼란과 부실을 낳고 경직된 무계획성은 완고하고 변화를 거부하는 관리자를 만든다.

분명한 것은 관리자들이 여러 곳에 시간을 투자해야 하는 오늘의 상황에서 그 압박감이 점점 커진다는 사실이다. 오늘 해야 할 일과 미래에 달성해야 할 목표 사이에서 건강한 균형을 이루려면 시간을 잘 사용하는 좋은 습관을 기르고 스트레스와 과로, 시간낭비를 유발하는 나쁜 습관을 줄여야 한다. 이 여정의 출발점에서 가장 중요한 것은 자신의 시간이 어디로 흐르고 있으며 미래로 가기 위해 필요한 것이 무엇인지를 잘 이해하는 일이다.

시간관리를 잘하는 방법

시간을 잘 사용하지 못하게 하는 가장 큰 장애물은 시간이 어떻게 흐르는지 알지 못한다는 사실이다. 시간의 흐름을 분명히 인식하지 못하면 변화에 확신이 생기지 않는다.

시간일지를 써서 현재 자신의 시간이 어떻게 쓰이는지 평가하자. 또 6개월마다 수첩을 점검하고 다른 사람을 어떻게 도왔는지 반성하며 미래를 계획하는 시간을 더 많이 만들자.

목적지를 모르면 엉뚱한 곳에 도착한다.
If you don't know where you are going
You may end up somewhere else

TIME

Chapter 3
항상 목표를 마음에 새겨라

어느 여객기 기장의 이야기다. 어느 날 그는 승객들에게 방송을 하면서 좋은 소식과 나쁜 소식이 있다며 이렇게 말했다.

"좋은 소식은 우리가 시속 600마일로 날고 있다는 것입니다. 그리고 나쁜 소식은 우리가 항로를 이탈했다는 사실입니다."

관리자인 당신도 엉뚱한 일로 바쁠 때 이와 비슷한 기분을 느꼈을 것이다. 열심히 일은 하고 있지만 전혀 성과가 없다.

어떠한 방향성 없이 열심히만 일하면 성과도 없고 스트레스만 쌓인다. 폴 윌슨의 저서 『안정을 주는 소책자The Little Book of Calm』에서는 일에서 받는 스트레스의 원인을 과로와 부적절한 시간관리라고 규정한다. 목표만 정확하다면 힘든 일도 거뜬히 해낼 수 있지만 방향이나 목적이 없다면 통제력을 상실했다는 느낌만 커진다. 토머스 칼라일은 한때 "통찰력 없는 행위보다 무서운 것은 없다"라고 말했다.

시간관리가 복잡하고 어려운 이유는 오늘 할 일과 미래에 필요한 일이 서로 충돌하기 때문이다. 관리자들의 임무는 하루의 과제를 효율적으로 수행하는 것과 장기적으로 개선과 개혁, 개발의 목표를 달성하는 일이다. 그러나 그들은 조직사회의 중압감 때문에 진정한 관리행위를 하지 못하고 전략 없는 수동적인 태도로 운영행위에 안주한다. 그 결과는 아메리칸마케팅협회의 조사에서 잘 나타나는데, 자신의 일에 만족하지 못하며, 기회가 있다면 보수가 더 나은 직종을 찾겠다는 관리자들이 78퍼센트 이상이었다.

Keep the End in Mind

> 항 상 목 표 를 마 음 에 새 겨 라

● 도전의 창조

맥스웰 말츠 박사는 성형외과 의사로 일하면서 자긍심과 도전의 관계를 분명히 알았다. 『사이코 사이버네틱스 Psycho-cybernetics』라는 책에서 그는 외모의 변화가 삶을 변화시킨다고 믿는 환자들이 아주 많았다고 회상한다. 그는 성형수술이 긍정적인 효과를 낼 때도 있었지만 대부분의 환자들에게는 큰 자신감을 심어주지 못했다고 했다. 수술 전에도 자신감이 있던 사람들은 후에도 마찬가지였고 자신을 실패자로 여긴 이들은 수술을 받고도 자신의 얼굴이 추하다거나 몸매에 자신이 없는 듯 행동했다는 것이다. 그래서 그는 자긍심은 우리가 자신을 어떻게 바라보는가가 아니라 어떤 일을 하며 살아가는가에서 온다고 결론지었다. 그리고 인간은 자전거와 같아서 자세와 균형을 잘 유지해야만 앞으로 나아갈 수 있다고 말했다.

……인간은 목표를 추구하는 데서 활력을 얻고 환경을 지배하고 문제를 해결하며 목표를 성취하도록 만들어져 있다. 그리고 우리는 장애물과 목표 없이는 진정한 만족과 행복을 느낄 수 없다. - 맥스웰 말츠 박사

관리자들이 목표를 설정하고 달성하는 범위는 그들 자신을 관리자로서 어떻게 생각하는지를 정의한다. 피로에 절어 통제력을 상실한 사람이 있는가 하면 추구하는 목표를 확산하며 똑같이 힘든 상황도 성공의 기회로 보는 사람도 있다. 이런 기회를 만나면 자신감이 높아지고 더욱 어려운 일에도 도전할 수 있다. 토머스 헉슬리는 "사다리의 계단은 쉬라고 만든 것이 아니라 더 높은 곳을 오르기 전까지만 인간의 발을 지탱하기 위한 것이다"라고 했다.

간단히 말해서 행동방식은 자신을 보는 시각을 규정하고 그 시각은 행동을 지배한다. 따라서 유능한 관리자가 되려면 그런 사람처럼 행동해야 한다.

항 상 목 표 를 마 음 에 새 겨 라

● 비전을 가지고 삶을 즐겨라

어느 여행자가 채석장에서 돌을 캐는 장인 세 사람을 만났다. 호기심이 생긴 그는 세 사람에게 돌아가며 무엇을 하느냐고 물었다. 벽 앞에서 빈둥거리던 첫 번째 남자는 "하라는 대로 할 뿐이지요"라고 말했다. 도구를 닦고 있던 다른 사람은 "돌을 자르고 있지요"라고 대답했다. 그러나 바쁘게 일하던 세 번째 사람은 고개를 들더니 말했다.

"대성당을 짓고 있습니다."

매일 반복되는 일에 안주하는 것이 쉬울 때도 있지만 관리자로서의 역할에 목표를 갖게 하는 확실한 장기계획이 있으면 훨씬 이롭다. 관리자가 올바른 방향을 갖고 더 나은 미래로 사람들을 이끄는 데는 명확한 비전이 있어야 한다. 항상 큰뜻을 품고 도전정신을 잃지 않으려면 환경을 극복하고 자신의 가치를 인식하며 미래에 더한 비전을 소유해야 한다.

밖을 내다보라

오늘의 조직들은 10년 전보다 환경에 훨씬 민감하다. 그래서 경쟁과 신기술, 소비자의 요구 변화를 무시하는 기업들은 큰 위기를 맞는다. 건강한 조직과 유능한 관리자는 더 나은 미래를 기대하며 변화에 도전한다.

내년이나 후년을 대비해서 자신의 환경을 변화시키려면 어떤 점에 주의해야 하는지 생각해보는 시간을 가져라.

- **기술** : 신제품이나 수정제품, 용법과 용도의 변화, 사용자 편리성, 소비자의 기대
- **소비자의 요구** : 더 나은 품질, 서비스, 디자인, 편리성, 빠른 대응, 저렴한 제품과 서비스, 다양성
- **경쟁** : 다양한 원료공급자, 비용절감, 신생기업, 거대 경쟁기업
- **법률** : 사회, 환경, 의료, 노동시간, 노동조건
- **노동시장** : 구조, 유연성, 숙련 노동자, 기대감 증가
- **시장** : 유통, 인구, 연령구조, 지적수준의 변화
- **혁신** : 속도, 새로운 재료, 투자, 새로운 시스템, 공정, 시장

표 3.1 : 밖을 향한 도전

앞으로 2~3년 동안 일어날 외적인 도전 상황 세 가지를 정의해보자. 당신의 대응방법은 무엇인가? 무엇이 발 빠른 대응인가?

	도전	현재의 대응방법	더 나은 대응방법
1			
2			
3			
·			
·			
·			

안을 들여다보라

자신의 가치와 비전을 다시 돌아보는 일도 미래의 방향을 설정하는 데 도움이 된다. 다음의 질문들을 자신에게 던져 관리자로서 자신의 역할과 앞으로 1~2년 동안 성취하려는 목표는 무엇인지 생각해보자.

- 더 많은 시간을 할애하고 싶거나 도전가치가 있다고 생각하는 일은 무엇인가? ex) 팀워크 향상, 개방성과 탄력성 고취, 훈련 강화
- 1년 안에 지금보다 향상시키고 싶은 부분은 무엇인가? ex) 새로운 시스템 설치, 기존의 제품을 위한 새 시장 개척, 증원, 시장에서 선두주자 되기
- 자신의 가치를 발휘해서 내년에 성취하고 싶은 일은 무엇인가? ex) 고객서비스 프로그램, ISO 획득, 업무변화 또는 참여도 증가
- 앞으로 1~2년 동안의 도전과제라고 생각하는 일은 다음 가운데

무엇인가?

1. 시장점유율, 수입 생산성 증대

2. 납기일 엄수

3. 고객서비스, 고객보유 향상

4. 협동작업능력 향상과 통합

5. 협동정신 향상

6. 사기 증진과 동기유발

7. 직원들의 보다 탄력 있고 강화된 업무능력

8. 계속 발전하는 문화

9. ISO 등의 표준이나 품질마크 획득

10. 폐기물, 기계고장으로 인한 생산지연, 불량품, 고객 불만, 초과근무 감축

11. 새로운 제품과 서비스

12. 직원훈련 강화

13. 기타

표 3.2 : SWOT분석

자기 분야의 도전과제를 체계적으로 정의하려면 SWOT분석(기업의 환경분석을 통해 강점strength과 약점weakness, 기회opportunity와 위협threat 요인을 규정하고 이를 토대로 마케팅 전략을 수립하는 기법-편집자 주)을 시행한다. 종이를 두 번 접어 칸을 네 개로 나눈다. 각각의 칸에 내적인 강점(S)과 약점(W), 기회(O)와 위협요인(T)들을 자유롭게 쓴다. 팀의 구성원들과 함께하면 더 좋다.

네 칸을 모두 채우고 나면(각각 10분씩 할애한다) 내년에 도전할 과제를 정한다.

	고품질의 제품 좋은 서비스 고객 기초	신기술 인구통계학적 변화 고객의 교육 수준 향상	
S			O
내적 조건			외적 조건
W			T
	숙련된 노동력 부족 부적절한 체계 취약한 관리감독	강화된 법률 새로운 경쟁자 값싼 수입품	

염원을 목표로 바꿔라

미래를 향한 도전과제와 비전을 분명히 인식하면 자신의 목표도 확실해진다. 관리자들이 장기적으로 달성하려는 일들은 대부분 추상적인 염원에 가깝다. 주로 제품의 범위를 넓히거나 팀워크를 향상시키고 리드타임(lead time, 기획에서 제품화까지의 소요시간—역자주)을 줄이며 시장점유율을 높이는 등이 그것이다. 그러나 해마다 반복되는 신년계획이 되어버린 데서 알 수 있듯, 이런 일들을 행동으로 옮기기는 쉽지 않다. 그 구호가 얼마 가지 않는다는 사실도 안다. 그러나 이것을 스마트(SMART) 목표로 만든다면 미래의 염원을 달성하는 실질적인 행위에 도움이 된다. 스마트 목표는 특별하고(Specific), 측정할 수 있으며(Measurable), 동의가 이루어진(Agreed), 실질적이며(Realistic), 시간의 한계가 있는(Time bound) 목표를 말한다.

그림 3.3 : 비전을 과제로

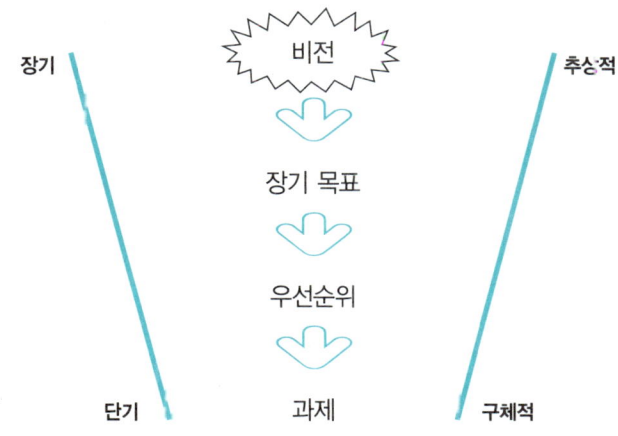

추상적인 염원을 목표로 변화시키는 일은 하느님이 노아에게 하신 명령처럼 그 역사가 아주 오래되었다.

"길이 30큐빗(히브리인들이 사용하는 길이의 단위로, 보통 한 큐빗은 팔꿈치에서 가운뎃손가락 끝까지의 길이를 말하며, 45센티미터쯤 된다), 넓이 30큐빗의 방주를 일곱 달 안에 만들어 모든 동물의 암수 한 쌍을 실어라."

더 최근으로 거슬러오면 NASA가 러시아 기술에 밀리고 있을 때 내려진 케네디의 명령이 있다. 케네디는 '10년 안에 인간을 달에 착륙하게 한 후 안전하게 지구로 귀환시킨다'는 아주 분명한 우주계획을 목표로 제시함으로써 NASA를 되살렸다. 이처럼 목표는 분명한 도전과제를 제시해서 성공에 이르게 하고 불가능해보이는 일을 가능하게 만들기도 한다. 13년 동안 인간의 한계로 인식되던 4-minute mile(1마일

[1.6킬로미터]을 4분 내에 주파할 수 없다고 알려져 '마의 4분'이라는 말이 유행했었다) 벽이 1954년 5월 6일, 3분 59.4초를 기록한 로저 배니스터라는 선수에 의해 깨졌다. 그리고 그 이듬해에는 4-minute mile의 벽을 깬 선수가 무려 열세 명 이상이나 나왔다.

  6개월이나 1년의 목표를 정하기 위해 잠깐의 시간을 투자하라. 그러면 자신의 비전을 향해 나갈 수 있다. 할 수 있는 일들의 목록을 적고 행동에 옮길 두세 가지 일을 선택하라.

비전 : 3년 · 재능이 다양한 직원들로 팀을 구성해서 고객서비스 비율을 80퍼센트로 유지한다.

목표 : 1년 · 모든 직원에게 고객서비스 기술을 훈련한다.

· 2개월 간격으로 팀 정기회의를 도입한다.

· 팀의 브리핑 시스템을 개선시킨다.

· 분기별 업무평가를 실시한다.

· 부서 안에서 문제가 있는 세 사람과 상담한다.

여러 개의 모닥불을 지펴라

  목표는 염원을 보다 구체적으로 만들지만 그 염원을 날마다 살아 숨쉬게 하는 일도 중요하다. 열심히 일하는 것과 동시에 미래에 성취하고 싶은 일을 잊지 않도록 목표를 기록해야 한다. 그리고 목표를 직원들과 함께 정하거나 적어도 그 사실을 알려주고 회의의 의제로 자주 등장하도록 만든다.

> 페어갈 퀸(Feargal Quinn)은 헌신적인 고객서비스로 슈퍼퀸이란 슈퍼마켓 체인을 크게 성장시켰다. 그의 비전은 '부메랑원칙'에 기초했다. 즉, 좋은 서비스로 고객을 감동시켜 다시 찾아오게 만드는 것이었다. 그는 '값을 보고 찾아와서 서비스에 감동한다'란 표어를 걸고 인재를 널리 등용하고, 훈련과 혁신을 계속하면서 이 과제에 도전했다. 그가 혁신한 것은 제과점을 도입하고 비 오는 날 우산을 판매하며 아이를 동반한 고객에게 특별한 서비스를 제공하는 일 등이었다. 그는 공급업자들과 함께 매장에서 정기적으로 식료품과 고기를 판매하는 방식을 통해 그들이 소비자의 목소리를 직접 들을 수 있게 했다. 그리고 포커스 그룹을 운영해서 소비자들의 불만을 반영하고 서비스를 개선했다. 또 관리자들에게 YCDBSOYA(엉덩이를 붙이고 앉아서는 장사를 할 수 없다'You can't do business sitting on your ass'는 뜻)라고 쓰인 넥타이핀을 꽂게 해서 고객서비스는 모든 직원의 의무임을 항상 환기시켰다.

목표를 꾸준히 추구하려면 기한을 수첩에 표시하고 표어를 써서 마음을 모으며 전담그룹을 지정해 업무를 관리하게 하고 반복해서 말함으로써 주의를 환기시킨다.

6개월마다 장기계획의 진행과정을 평가하기로 자신과 약속하라. 다이어리에 기록해두고 꼭 실천한다. 또 환경이나 자신의 가치를 평가하고 미래를 위한 비전을 재점검하는 일도 날짜를 정해 1년에 한 번씩 수행한다. 팀원들과 함께 SWOT분석을 하고 관리자를 평가하게 하자. 지속적으로 평가하지 않으면 관리자의 능력은 저하될 수밖에 없다.

> 인텔(Intel)에서는 해마다 직원들로 하여금 관리자들의 능력을 평가하게 한다. 위험을 감수하는 능력이나 고객 관리기술, 좋은 근무환경을 조성하는 능력 등이 여기에 포함된다. 모든 맥도널드 지점에서도 해마다 품질, 위생, 서비스 등 관리의 핵심 부분을 평가한다.

일에서 자신의 염원이나 목표를 말로 표현하는 관리자들은 많지 않다. 오히려 그것을 표현하면 자신의 업적을 부정하는 일이 될까봐 두려워한다. 그러나 목표를 명확히 설정하지 않으면 중요한 일은 놓치고 사소한 일에만 바쁠 뿐 성공하기 어렵다.

자신이 원하는 것을 고려해 미래의 목표를 정하는 행위는 관리자들에게 커다란 활력을 불어넣어준다. 그리고 장기적인 유효성을 버리고 단기적인 효율을 따라 흘러가는 일을 막기 위해서는 관리자들에게 분명한 방향감각이 요구된다.

"목적지를 모르면 엉뚱한 곳에 도착한다."

시간관리를 잘하는 방법

관리자는 오늘의 일만 하는 것이 아니라 미래를 위해 오늘의 일을 개선하고 개발한다. 즉, 오늘과 똑같은 양만큼의 에너지를 미래를 위해 생산하는 것이다.

자신의 염원과 야망을 분명한 도전과제로 바꿔 올바른 방향을 설정하고 그로부터 활력을 얻자. 그리고 그것을 다른 사람과 공유하고 자주 되새겨서 스스로 주의를 환기시키자. 목적지를 모르면 엉뚱한 곳에 도착한다.

올바른 일이 아니라면 아무리 능률적으로 일해도 소용없다.
No matter how efficiently you do a job
If it is the wrong job it isn't worth doing

TIME

Chapter 4

우선순위의 일에 초점을 맞춰라

미래를 향한 비전과 분명한 도전과제가 있으면 관리자로서 방향을 설정하는 데는 도움이 되지만, 야망과 포부를 성취하는 사람은 극히 드물다. 책을 쓰겠다는 사람은 많지만 실제로 출판하는 사람이 얼마나 되는가? 직업을 바꾸거나 실력을 키운다든지, 세계를 여행하거나 승진을 하고 개업을 하거나 다른 문화권에서 살겠다는 사람들 가운데 몇 명이나 그 이상을 실현하는가? 처음 일을 시작할 때 품었던 포부를 생각해보라. 지금까지 몇 가지나 실현되었는가?

Focus on the Priorities

우 선 순 위 의 일 에 초 점 을 맞 춰 라

● 미래의 일과 일상의 일(선행하는 일과 반응하는 일)

염원이 성과로 바뀌지 못하는 가장 주된 원인은 반대되는 두 상황이 관리자들의 시간을 요구하기 때문이다. 하나는 운영업무로 회의, 서류작업, 문제해결, 방해로 중단되는 시간 그리고 회의목표, 마감시간, 프로젝트 개발과 완성 등 여러 가지 책임들이 여기에 속한다. 관리자들은 많은 일상적 업무량 때문에 불평하지만 일의 형식에는 아무런 문제를 제기하지 않고 오히려 이를 즐기는 듯하다. 실체가 있고 단기적이며 익숙한 일이기 때문이다. 관리자들이 시간 내기를 더 꺼려하는 일은 미래의 일이다. 시간이 많으므로 급하게 처리하지 않아도 되기 때문이다. 그레셤의 법칙(Gresham's law, 악화는 양화를 구축한다)에서 말하는 것처럼 "일상의 일과 응급상황들 때문에 중요한 일이 무시된다"는 것이 일반적 현상이다.

운영업무를 처리하는 것과 장기적 과제에 집중하는 일의 중요한 차이는, 일상의 일이 사건과 사람들에게 이끌린다면 미래의 일은 스스로 시작해야 한다는 데 있다. 커다란 일은 시작하는 데 있어 상당한 시간과 에너지가 필요하다는 어려움이 있지만, 일상의 일에 그때그때 반응하는 일 역시 상당한 중압감이 있다. 즉각적인 반응과 빠른 결과를 원하는 사장에게 자주 보고해야 할 책임이 있기 때문이다.

표 4.1 : 일상과 미래의 균형

일상의 일	미래의 일
일상적인 업무처리 응급상황 처리 위기 해결 방해상황 처리	영역 개발 핵심과제에 집중 마감시간 엄수와 목표 달성 프로젝트 관리
단순한 일들의 처리	새로운 일의 시작

관리자들이 일상적인 업무에서 받는 중압감에 허덕이지 않는 유일한 방법은, 분명한 도전과제를 갖고 미래의 일에서 활력을 얻는 방법을 찾는 것이다. 관리자로서 앞서나가는 태도를 갖는 방법은 두 가지다. 첫째는 어떤 새로운 일을 하고 싶은지를 아는 것이고, 둘째는 시작할 수 있는 힘과 어려움을 이길 수 있는 끈기를 갖는 것이다.

미래의 방향을 정하면 앞으로 몇 달 동안 집중해야 할 단기적인 우선순위가 정해진다. 그러나 우선순위를 정하는 것만으로는 부족하다.

목표가 있어도 그 일을 시작하고 유지할 힘이 없다는 관리자들이 많기 때문이다.

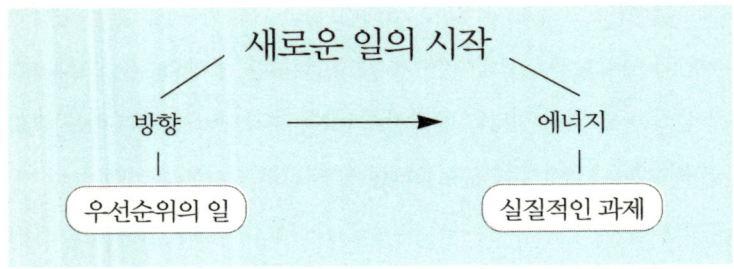

방향을 정하고 집중하기

일에서 우선순위를 정하는 일은 간단하다. 한 달에 5~10분 정도 투자해서 다음 몇 달 동안 달성하려는 일들의 목록을 만든다. 할 일만 생각하지 말고 하고 싶은 일도 고려한다. 앞으로 두 달 동안 어떤 일을 하고 싶은가? 관리자들은 대부분 5분도 지나기 전에 열 가지 이상의 일들을 생각해낸다.

그러나 목록을 작성하는 일은 쉬워도 한꺼번에 우선순위의 일을 세 가지 이상 추진할 에너지는 없다. 유효성을 극대화하려면 집중하는 수밖에 없다. 따라서 관리자가 집중력을 잃으면 자신의 영향력과 목표를 성취하는 능력이 사라진다. 여러 상황에 적용되는 '세 가지 황금 법칙'에 따라 우선순위를 세 가지 이하로 정한다. 너무 많은 일에 집중하면 결국 아무것에도 집중할 수 없기 때문이다.

앞으로 두 달 동안의 우선순위를 선택할 때는 그 일을 추진할 에너지가 있는지 확인해야 한다. 담배를 끊거나 시험을 준비하는 등 삶에서 부딪치는 도전과제를 성취하는 데 에너지가 없어서는 안 된다. 에너지의 원천은 갈망과 흥분이다. 우리는 갈망하기 때문에 그것을 성취한다. 몸무게를 줄이거나 중요한 마감시간을 지키는 일이 그렇다. 소프트웨어를 익히거나 외국어를 배우는 일은 흥분이 따르기 때문에 가능하다. 하고 싶은 일들의 목록에서 추진할 에너지가 느껴지는 일 세 가지를 선택하고 나머지는 다음 달 이후로 미루자. 다음 달에는 다른 일을 할 에너지가 생길 수도 있다.

테니스클럽 신임 회장으로 선출된 존은 회원들에게 새로운 방향을 제시하고 단기간에 무엇인가를 성취하려고 열심이었다. 회원들은 내년의 도전과제에서 앞으로 세 달 동안 초우선으로 삼아야 할 일 세 가지에 동의했다.
1) 건물장식
2) 음식 메뉴 업그레이드
3) 정기회원 비율 향상

해마다 좋은 테니스 프로그램도 운영하면서 당장 실천할 우선순위를 정하자 회원들이 클럽의 방향성을 인식하게 되었고 존도 회장으로서 클럽운영에 성공했음을 인정받았다.

우선순위의 일에 필요한 에너지 만들기

우선순위의 일을 추진하는 것은 아주 수월해보이지만 실제로는 코끼리를 잡아먹는 일만큼 어렵다. 우선 코끼리를 잡는 일도 어렵지만 먹어서 소화시키기도 힘들다. 여기 우선순위의 일을 관리하는 실제적인 훈련방법을 소개한다.

> **코끼리를 잡아먹는 법칙**
> 1. 분명한 도전과제를 설정한다.
> 2. 잘게 나눈다.
> 3. 시작할 좋은 기회를 포착한다.
> 4. 개미들을 물리치는 동안에도 코끼리에게서 눈을 떼지 않는다.

장기적인 우선순위를 갖는 일들은 추상적인 염원에 불과하지만 오랫동안 마음에 품은 친숙한 일이다. 그러나 담배를 끊거나 살을 빼고 싶다는 염원처럼 그 추진력은 오래가지 못한다.

처음부터 도전과제를 분명히 하면 더 크고 어려운 일에도 힘을 내기가 훨씬 쉽다. 한두 달 안에 날씬해지겠다고 공언하는 것보다는 5월에는 10킬로미터 단축마라톤을 하거나 헬스클럽에 등록해서 6월 30일까지 5킬로그램을 감량한다거나, 앞으로 두 달 동안 일주일에 두 번 운동을 한다는 등의 구체적인 목표를 세우자. 우선순위를 분명한 도전과제로 바꾸는 일은 과녁판을 조준하는 것이 아니라 과녁의 중심에 조준하는 일과 비슷하다. 과녁판을 조준했다가 실패하면 아무것도 맞출 수 없지만 중심에 조준하면 적어도 과녁판은 맞출 수 있다.

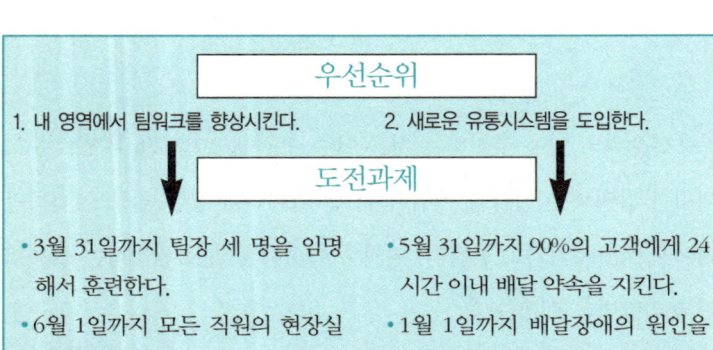

쉬운 일부터 시작하라

우선순위의 일을 작은 도전과제들로 바꾸면 목표를 달성하기가 쉬워진다. 그러나 사람들은 두 달 후의 일보다는 오늘에 더 많은 힘을 집중하기 때문에 여전히 어려운 점이 있다. 시험이나 프로젝트, 보고서 작성, 여름휴가, 크리스마스 즈음하여 가장 힘이 많이 솟는 때는 언제인가? 아마도 그날로부터 일주일이나 열흘 전일 것이다. 마감이 두세 달 남은 일들은 우선순위에서 뒤로 밀려나기 일쑤다. 그래서 기한이 다가오고 나서야 엄청난 스트레스 속에서 일을 끝낸다.

우선순위의 일에 필요한 에너지는 1~2주일 안에 빠르고 쉽게 끝날 수 있는 일일 경우에 생긴다(표 4.2). 앞으로 한두 달 동안의 우선순위가 '새로운 팀장 임명과 훈련'이라면 다음 주에 할 수 있는 단기 과제들을 모두 생각해야 한다. 업무를 명확히 설명하고 게시판에 공고문을 붙이며 사장과 임금구조에 합의하는 일 등이 그에 해당한다.

표 4.2 : 우선순위의 일들을 작은 과제로 나누기

앞으로 한두 달 동안 처리해야 할 우선순위의 일을 하나 골라서 그 일을 시작하는 데 필요한 간단한 과제들을 모두 적어보자. 누군가에게 전화를 하고 회의를 하며 관련서적을 읽고 일의 개요를 간략하게 적거나 방문계획을 세우는 등 간단한 일들을 생각한다. 그리고 과제들의 차례를 정하지 않는다. 한 단계에서 막혀버리면 진행할 힘을 잃기 때문이다.

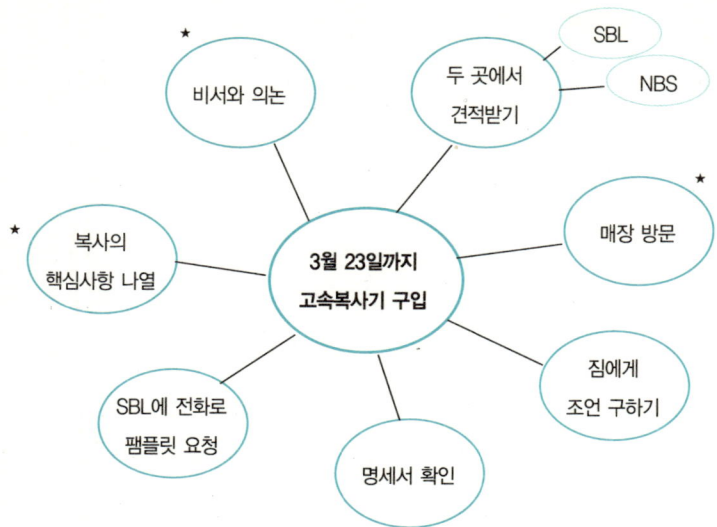

이제 가장 먼저 해야 할 일 세 가지에 별표를 붙인다. 선택대상은 대체로 비용이 저렴하거나 쉽고 재미있는 일이 될 것이다. 가장 중요한 것은 쉽게 성공할 수 있는 일을 먼저 하는 것이다.

단기간에 끝나는 과제는 오랜 시간이 걸리는 우선순위의 일보다 계획하기도 쉽고 관리자들이 시간을 내기에도 좋다. 코끼리를 잘게 나누어 쉬운 부위부터 먹기 시작하면 성공 가능성도 커지면서 다음 부위를 공략할 힘도 생긴다.

주위 사람들에게 알려라

일을 하다보면 급하게 시간을 내야 할 일들이 많아지면서 중요한 일을 놓치기 쉽다. 장기적인 우선순위의 일을 잊지 않으려면 실천할 수 있는 행위를 글로 적어두는 것이 좋다. 또 그 글을 책상 앞에 붙여두면 자신이 그저 일만 하는 사람이 아니라 무엇인가를 성취하려고 그 자리에 있다는 것을 잊지 않게 된다. '눈에 보이지 않으면 마음이 멀어진다'는 말도 있잖은가. 아침마다 또는 월요일마다 장기계획을 확인해서 그날이나 그 주에 행동으로 옮길 과제가 있는지 점검한다.

또 사장이나 부하들을 포함해서 목표와 관련된 사람들에게 우선순위의 일을 상기시켜달라고 할 수도 있다. 살을 빼고 책과 논문을 쓰는 일처럼 커다란 도전과제를 성취하는 데는 다른 사람의 도움이 절대적으로 필요하며, 적어도 그들로부터 방해받는 일은 없어야 한다. 우선순위의 일을 반복해서 사람들에게 말하다보면 자신도 그 일을 잊지 않는다. 담배를 끊거나 살을 빼는 가장 좋은 방법은 주위 사람들에게 알려 그들의 감시를 받는 것이라고 하듯 말이다.

기록하라

코끼리를 잘게 나누는 이유는 다루기 쉽게 하기 위해서다. 5킬로그램 감량이 최우선 목표라면 체중감량 계획표를 그리거나 체중계를 사서 매일 측정하는 등 쉽게 성공할 수 있는 과제를 찾아 시작한다.

목표를 찾아내는 일만으로도 그 일을 달성하기가 훨씬 쉬워진다. 뉴저지에 사는 새로운 주택 보유자들에게 에너지 보존 실험에 참가해 달라고 요청했다. 어떤 사람들은 에너지소비량을 20퍼센트 줄이라는 아주 힘든 과제를 받았고 또 어떤 집단에는 2퍼센트라는 쉬운 과제가 할당되었다. 또 다른 집단은 과제가 없는 컨트롤 그룹으로 지정되었다. 세 집단들은 날마다 연구자들이 집 안 창문에 기록하는 그래프로 진행과정을 보고받았다. 그 결과 어려운 도전목표를 받은 집단의 성과가 가장 두드러졌다. 그런데 다른 집단에서도 흥미로운 결과가 나타났다. 즉, 진행과정만 보고받은 집단들의 에너지소비량 역시 크게 줄어든 것이다.

우선순위의 일을 진행하는 가장 간단한 방법은 작은 과제에 시간을 할애하고 그것을 성취할 때마다 기록하는 것이다. 단지 시간을 할애하는 것만으로도 많은 일들을 할 수 있다. 만일 원료의 낭비를 줄이거나 고객서비스를 향상시키고 싶다면, 일단 표준을 정하고 주마다 직원들과 결과에 대한 의견을 나눈다. 그들에게 결과를 기록하고 보고하도록 하면 더욱 좋다. 담배나 초콜릿, 과일을 너무 많이 먹거나 잠을 많이 자는 습관을 고치려면 날마다 먹는 양이나 잠자는 시간을 기록하는 일부터 시작한다. 프로젝트의 진행을 촉진하려면 기한을 정하고 기간을 세분해서 모든 단계마다 마감시간을 정한다. 적은 마감시간 하나를 놓쳤다 해도 궤도로 다시 오르는 데 필요한 여러 가지 일들을 자유롭게 떠올린 후 다음 주에 실천할 목록 세 가지를 선택한다.

얀 칼슨이 회장을 맡았을 때 SAS(스칸디나비아항공)는 칠백만 달러 이상의 손실을 입고 심각한 상황에 빠져 있었다. 그는 곧 회사가 용선계약, 휴가, 화물운송 등 여러 가지 일에 손을 대느라 오히려 한 가지도 제대로 하지 못한다는 사실을 알았다. 칼슨은 SAS를 유럽 제일의 상업항공사로 재탄생시키는 일을 회사의 최우선순위로 정하고, 그 진행과정을 모니터하기 위해 모든 비행기의 출발지연 내역까지 파악할 수 있는 스크린을 사무실에 설치했다. 문제가 생기면 직접 공

항이나 승무원들에게 전화해서 해결하고 옳은 일을 했을 때는 칭찬도 아끼지 않았다. 결국 SAS는 1년 만에 유럽에서 가장 시간을 정확하게 지키는 항공사로 인정받았다.

진행과정을 자주 평가하라

코끼리를 잘게 나누면 날마다 해야 할 과제를 쉽게 관리할 수 있어서 좋다. 모호한 우선순위보다는 날마다 실천할 수 있는 간단한 과제들을 계획하는 일이 훨씬 쉽다. 우선순위를 자주 확인하고 과제를 완성하면 리스트에서 줄을 그어 표시한다. 새로운 의견이 떠오를 때마다 목록에 추가한다. 그리고 첫 과제(표 4.3)를 완성하고 나면, 오랫동안 우선순위의 일을 추구하는 데 필요한 에너지를 유지하기 위해 좀 더 창의력이 필요한 어려운 일을 찾아낸다.

표 4.3 : 복습과 계획

마지막으로 우선순위를 주기적으로 새롭게 하는 간단한 훈련방법이 있다. 한 달에 한 번 새로운 목록을 만들고 그 중에서 가장 중요한 것을 세 가지 선택하는 일이다. 그러면 장기적인 소망을 향해 움직이는 자신을 느낄 수 있으며 그 일을 할 에너지도 얻는다. 이 책이 지난 8개월 동안 나의 우선순위였던 것처럼, 달성하는 데 몇 달이 걸리는 우선순위도 있지만 빨리 끝나거나 새로운 도전과제가 생기면 바로 바

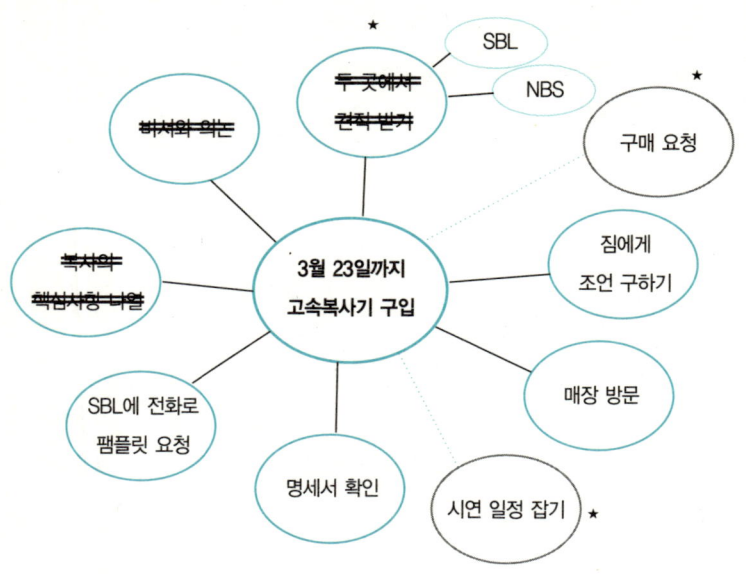

꿔는 것도 있다.

관리자들은 중요하고 전략적인 일에 할애할 시간과 에너지가 생길 때를 기대하면서 우선순위 일을 뒤로 미룬다. 오늘의 과제를 끝내는 일 못지않게 새로운 일에 도전할 필요를 느끼지만 스스로 중요하다고 말하는 일에 시간을 할애하는 적은 거의 없다. 장기과제들은 일상의 일보다 집중하기 어렵고 중요한 일들은 생각보다 완성까지의 시간이 많이 걸리므로 초반에 의욕을 잃게 만들기 때문이다.

과도한 일상 업무에 시달리는 관리자들이 이 함정을 극복해내기 위한 유일한 방법은, 원하는 일을 할 에너지를 찾는 것이다. 중요한 일에 매진하려면 시간과 노력을 앗아가는 개미들을 무시하고 코끼리에 집중하라.

시간관리를 잘하는 방법

시간이 많이 소요되는 추상적인 도전과제를 단기간에 달성할 행동계획들로 나누는 것은, 우선순위를 정해서 일하기 위해서이다. 우선순위를 정하는 일은 다음 두 달 동안 해야 할 일들을 적고 그것들 중에서 집중할 두세 가지를 선택하는 간단한 일이지만, 그것을 관리하기는 쉽지 않다. 우선순위에 따라서 일하는 것은 코끼리를 먹는 일처럼 시작하기가 어렵고 소화도 잘 안 된다. 그래서 먹기 좋은 크기로 잘라 쉬운 조각부터 시작해야 하는 것이다.

코끼리를 먹는 데는 왕도가 없다. 기회가 왔을 때 시작해야 한다. 작은 조각에 성공하면 다음 조각을 먹을 힘이 생긴다. 우선순위의 일에 에너지를 계속 집중하려면 그 일을 항상 염두에 두고 자주 평가하고 달마다 계획을 수정해야 한다.

일에 시간을 맞추지 말고 시간에 일을 맞춰라.
It isn't the hours you put into the work
It's the work you put into the hours

TIME

Chapter **5**

중요한 일을 위한 시간계획

평범한 하루 동안에도 아주 많은 일들—우편함을 열고 전자우편을 확인하고 메모 내용에 따라 일을 하는 등 주로 익숙한 일들—이 처리된다. 그러나 이런 일들은 관리자들을 편안하게 하면서도 귀찮게 한다. 관리자들이 조금 어려워하는 일에는 회의, 방문, 약속 등 조직적인 활동들이 있다. 이런 일들은 관리자의 하루에 쉽게 끼어들며 아무도 문제 제기를 하지 않는다.

Schedule for the Important Things

중요한 일을 위한 시간계획

● 중요한 일이란?

일상이나 조직적인 활동과는 별개로, 과로에 지친 관리자들을 즐겁게 하는 활동이라는 이유로 쉽게 여겨지는 일들이 있다. 사장이 당신에게 회사를 대표해서 열흘 간 태국에 다녀올 사람이 필요하다고 말한다면 어떻게 하겠는가? 물론 비용은 모두 회사 부담으로 말이다.

사장은 당신이 적임자라는 사실과 당신이 받는 중압감을 알고 있고, 시간을 낼 수 있는지 한두 시간쯤 생각해보라고 말한다. 자, 당신은 열흘의 시간을 만들 수 있을까? 아마 그럴 것이다. 그럼 어떻게 시간을 만들까? 그건 쉽다. 수첩과 펜을 들고 열흘만큼의 칸에 줄을 그은 후 그 위에 이렇게 쓴다, '태국'.

관리자들에 가장 큰 문제가 무엇이냐고 물으면 모두 시간이라고 말한다. 생각할 시간, 계획할 시간, 사람들고 이야기할 시간. 물론 그에게는 식사를 하고 잠을 잘 시간과 일요일과 공휴일이 있다. 그러나 조직화된 우선순위, 즉 미래를 위한 시간이 없다. – 찰스 핸디 『조직의 이해Understanding Organisations』

그러나 관리자들은 조직화된 활동이나 매력적인 해외출장과는 달리 팀워크 개발, 커뮤니케이션 향상 또는 프로젝트 완성 등의 장기적인 도전과제에 시간을 내는 것은 아주 어려워한다. 이런 일들은 관리자들의 일정 속에 들어 있지 않으면 절대로 달성될 수 없다.

중요한 일을 위한 시간계획

● 중요한 일을 할 시간

시간관리는 결국 선택의 문제다. 또한 선택은 대부분 긴박함의 지배를 받기에 급한 과제 때문에 중요한 과제가 뒤로 밀릴 때가 많다.

> 며칠 전 한 고객을 만나 점심식사를 했다. 관리개발에 관해 의논하고 싶다며 그가 정한 약속이었다. 점심식사를 하려고 자리에 앉자마자 그의 휴대전화가 울렸다. 내용을 들으니 그리 중요하지 않은 문제인 듯했다. 식당이어서 소리가 잘 들리지 않자 그는 나에게 미안하다면서 로비로 나가 통화를 계속했다. 몇 분이 지나도 돌아오지 않자 나는 먼저 식사를 시작했다. 25분이 지나서 그가 돌아왔을 때 나는 이미 식사를 마쳤고, 그의 음식은 차갑게 식어 있었다. 그리고 그는 얼마 지나지 않아 다른 약속이 있다며 자리를 떴다. 상담하려던 내용에 대해서는 한 마디도 오가지 않았다. 그의 사장이 그를 '운영만 하는 관리자'라고 부르는 이유를 알 수 있었다.

일을 하다보면 급한 일과 중요한 일이 모두 생긴다. 문제는 일의 초점을 급한 일에만 맞추는 데 있다. 일상의 과제에 적절히 대응하면서 장기적인 사안에 집중할 시간을 만드는 것이 필요하다. 시간을 효과적으로 계획하는 것은, 해야 할 일과 다른 일의 경계를 분명히 함으로써 할 일과 하고 싶은 일을 성취하기 위해서다.

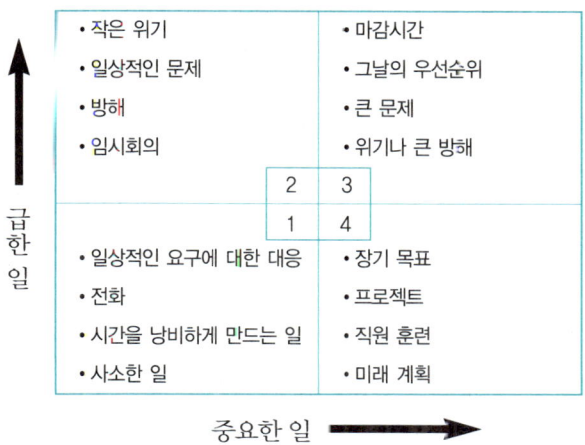

상자 1 : 중요하지도 급하지도 않은 과제

관리자로서 당신은 아예 하지 않거나 시간을 덜 할애함으로써, 낭비되는 많은 시간을 줄이도록 노력해야 할 종류의 일들이 있다. 서류 작업이나 여러 가지 요구를 처리하는 등의 급하지 않은 일이나 일상의 일들이 그것이다. 이런 일은 다른 사람에게 맡겨도 좋다. 우편함을 열고 일상 회의에 참석하는 일은 다른 사람이 해도 충분하다. 또 덜 중요한 일들은 조금 피곤한 시간에 할 수도 있다. 전자메일을 확인하고 사람들을 쫓아다니는 일 등은 오후에 하자.

상자 2 : 중요하지 않지만 급한 과제

작은 위기나 일상의 문제와 같이 급하지만 덜 중요한 일들은 자투리 시간을 내서 바로 처리하거나 일과가 끝날 즈음에 처리한다. 일상적으로 급한 사안들 대부분은 절차를 변경하거나 그 일을 담당할 직원을 지정, 훈련시켜서 처리할 수 있다.

상자 3 : 중요하고 급한 과제

마감시간이 있거나 우선순위가 옮겨져서 급하고 중요해진 일들이 있다. 이를테면 중요한 고객이 긴급한 주문에 맞추려고 급히 자재를 주문하거나 기계고장으로 당장 어떤 결정을 내려야 할 때 등이다. 이런 상황에서는 일과를 조정해 즉시 처리하거나 가장 급한 일은 바로 처리하고 나머지는 나중에 한다.

상자 4 : 중요하지만 급하지 않은 과제

중요하지만 급하지 않은 과제들도 있다. 계획, 프로젝트 진행과정 평가, 새로운 시스템 개발, 품질과 서비스 개선 등 효율적인 관리에 핵심이 되는 기능들은 일상적이거나 급하지는 않지만 관리자가 많은 시간을 투자해야 하는 일이다. 긴급하지는 않지만 선행하는 일들은 우선순위로 지정되지 않으면 뒤로 미뤄지므로 크게 여러 과제로 나눠서 날마다 또는 주마다 처리한다.

상자 1과 2의 과제들은 효과적으로 정리해서 처리해야 하지만 3과

4의 일들은 세심한 계획이 필요하다. 중요한 일을 계획하려면 '할 일'의 목록이나 주간 계획표 또는 수첩을 사용한다.

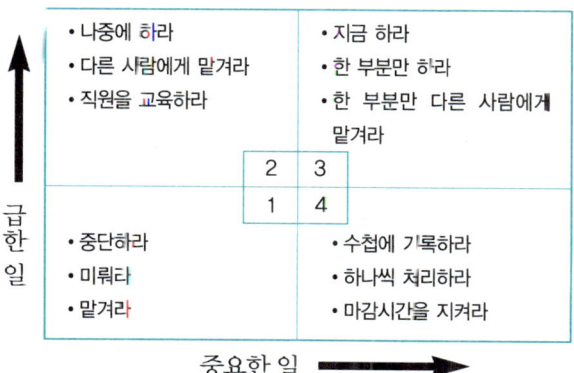

중요한 일을 위한 시간계획

● 현재를 즐겨라

그날 마쳐야 할 일의 목록 작성은 일을 하는 가장 흔한 습관 가운데 하나이다. 그러나 여기에는 목록이 계속 길어지는 것과는 별개로 중요한 문제가 있다. 대부분의 사람들이 쉬운 일부터 시작한다는 것이다. 즉, 쉬운 일을 처리한 다음에 중요한 일을 시작한다. 물론 말처럼 술술 풀리지는 않는다. 우리는 중요한 일을 시작할 수 없도록 만드는 쉬운 일들을 자꾸만 찾아내며 늦은 오후가 될 때까지 계속 미루다가 내일로 넘기고 만다.

우리 어머니는 90평생 병적으로 일의 목록을 만드는 데 집착하셨다. 어머니가 농장으로 돌아오시면 일을 도와야 하는 것이 우리의 큰 걱정이었다. 어머니의 목록에는 헛간 칠하기, 농장 울타리 만들기, 저지대의 밭 일구기, 추수하기 등이 적혀 있었다. 어느 날 아침에 나는 목록을 만드는 어머니를 보았다. 어머니는 만족한 듯한 미소를 지으신 후 첫 과제를 지우셨다. 나는 어머니께 물었다. "어머니, 벌써 끝낸 일도 있어요?" 그리고 어머니의 어깨 너머로 목록을 살폈다. 목록의 첫머리에는 이렇게 적혀 있었다. '목록 만들기' – 오펠 네스팅갠

'할 일 목록'을 만들면 급한 일과 중요한 일의 균형을 쉽게 유지할 수 있다. 그러나 그 목록이 관리도구가 되려면 우선순위에 따라 일할 수 있도록 그 활동들을 A, B, C, D로 나눠야 한다(표 5.1). A는 오늘 반드시 해야 할 일들로 세 가지 이하여야 한다. B는 오늘 해야 하지만 A보다 우선순위가 낮은 일이다. C는 잊지 않으려고 목록에 적는 일들이고 D는 다른 사람에게 맡길 일이다.

> 시간관리를 말할 때 가장 많이 인용하는 이야기는 베들레헴 철강회사의 전 회장 찰스 슈워브와 효율 전문가인 아이비 리의 일화다. 슈워브 회장이 작업속도를 향상시킬 방법을 묻자 리는 20분 만에 작업효율을 50퍼센트 증가시키겠다고 약속했다. 그는 슈워브 회장에게 종이를 한 장 건네더니 내일 해야 할 중요한 일 여섯 가지를 쓰고 중요성에 따라 번호를 매기라고 했다. 그리고 아침에 1번부터 일을 시작하고 하나를 끝낸 다음에 2번으로 넘어가라고 했다. 또 하루에 몇 가지의 일을 끝냈는지 신경 쓰지 말라고 했다. 가장 중요한 일을 먼저 했기 때문이다. 그리고 이 방법이 유용하다는 사실을 알 때까지 계속하고, 부하들에게도 이 방법을 추천한 후에 그들의 의견을 구하라고 충고했다. 몇 주가 지나서 리에게 25,000달러가 적힌 수표가 도착했다. 그것은 관리자로서 한 번도 배우지 못했던 아주 유익한 방법을 가르쳐준 데 대한 보답이었다.

'할 일 목록'을 만들어서 일할 때는 A 과제 세 가지를 가능한 한 빨

리 시작하는 것이 비결이다. 그것은 사람들이 하루 중에서 가장 힘이 충만할 때가 아침 8시에서 11시 사이이기 때문이다. 그래서 A를 일찍 시작하는 것은 가장 중요한 일을 가장 정신이 맑을 때 한다는 뜻이다. 반대로 덜 중요한 일은 나중에 한다는 뜻도 된다.

A를 일찍 시작하는 둘째 이유는 아침에 중요한 과제 한 가지를 성공적으로 마치면 활기찬 하루를 보낼 수 있기 때문이다. A 셋을 끝내면 B 가운데 몇 가지를 A로 올린다. 그러면 항상 중요한 일을 먼저 할 수 있다.

'할 일 목록' 사용하기

- 아침에 가장 먼저 '할 일 목록'을 평가하거나 다시 작성한다.
- 장기적인 우선순위를 확인하고 그 과제들을 목록에 추가한다.
- 과제들을 A, B, C, D로 나눠 우선순위를 정한다.
- 아침 일찍 A부터 시작한다.
- 일과를 진행하면서 우선순위를 수정한다.
- 목록을 책상 위에 두고 잊지 않도록 계속 확인한다.

중요한 일을 위한 시간 계획

● '할 일 목록'을 만드는 비결

중요한 일은 항상 중요하게 여겨라. 관리자들은 노력에 비해 충분한 성과를 얻지 못할 때 가장 실망한다. '할 일 목록'을 만들면 중요한 일에 집중할 수 있게 되므로 하루를 잘 시작하도록 도와준다. 과제를 처리하면서 목록에서 A를 지워나가는 기쁨을 느껴보자. 하루가 지나면 그날이 생산적이었는지 바쁘기만 했는지 쉽게 알 수 있다. A를 모두 처리했는가? 아니면 주로 B와 C만 끝냈는가? A부터 시작한다고 해서 계획한 일을 모두 끝낼 수 있는 것은 아니다. A를 먼저 하는 것은 항상 가장 중요한 일에 집중하기 위해서이다.

코끼리를 나눠서 먹어라. 아침마다 '할 일 목록'을 만들면 오늘뿐 아니라 장기적으로 원하는 일이 무엇인지 잊지 않게 된다. 중요한 우선 순위를 여러 과제들로 나눴으면 그 가운데 오늘 할 수 있는 일이 있는지 살핀다. 너무 양이 많아서 하루에 할 수 없는 과제는 30분에서 한 시간 분량으로 더 잘게 나눈다.

표 5.1 : 할 일 목록

중요도	할 일 목록
B	킨텍 송장발부
A	IDB 제안서 작성
C	CS 진행과정 점검
B	도서 발송 – 런던
A	프랭크 마지에게 전화
D	DCL 메모 처리
C	팀 라이언스와 미팅

세 가지 황금법칙을 사용하라. '할 일 목록'을 만들 때 가장 조심해야 할 일은 세 가지가 넘는 일을 A로 정하는 것이다. A가 대여섯 개나 되면 어떤 과제를 먼저 해야 할지를 선택해야 하는 어려움이 있다. A가 셋이 넘지 않는 목록을 만들 수 있도록 연습하라. 그리고 과제를 일찍 마쳤다면 B 가운데 몇 과제를 A로 바꾼다. 아침에는 B순위이던 과제가 오후에 A가 될 수 있고 오늘 C이던 것이 내일 A가 될 수도 있다.

일을 계획하고 계획에 따라 일하라. '할 일 목록'으로 오늘 해야 할 일의 방향을 알았다고 해도 그것이 하루의 시간계획표는 되지 못한다. 이 목록의 장점은 집중과 탄력성이다. 갑자기 급하고 중요한 일이 발생하면 그것을 A에 추가할 수 있다. 그리고 작은 위기상황이 닥쳐서 하려던 일에 방해를 받으면 잠시 목록을 잊어도 된다. 그러나 항상 가능한 한 빨리 목록으로 돌아와야 한다. 모든 일을 계획할 수 없다고 해서 계획을 하지 않아도 된다는 의미는 아니니까.

중요한 일을 위한 시간 계획

● 월요일이 있음을 하느님께 감사드려라

　금요일이 되면 너무나 바쁜 일주일이었지만 노력에 비해 성과가 없었다는 언짢은 기분이 들 때가 많다. 두 마리의 토끼를 뒤쫓는 것처럼 한번에 너무 많은 일을 하려 하면 쉽게 지친다. 시간에 쫓기지 않으려면 일주일의 첫날부터 정확한 방향감각을 지녀야 한다. 그리고 금요일에는 한 주를 평가하면서 다음 주를 계획한다.

　월요일 아침시간 5분을 투자해서 한 주를 계획하라. 그리고 해야 할 일들을 모두 나열하고 우선순위로 삼을 세 가지의 일을 선택한다(표 5.2). 그것을 편지쓰기, 전화연락, 자료 읽기 또는 회의 등의 작은 과제들로 나누고 모든 과제들의 우선순위를 매긴다. A는 셋을 넘지 않아야 한다. 월요일에 A부터 시작하고 일을 진행하면서 B와 C를 A로 만드는 등 우선순위를 수정한다. 일주일의 마지막 날에, 일상의 일을 효율성 있게 처리했는지, 중요한 과제들을 효과적으로 달성했는지 등으로 한 주에 대한 평가를 내린다.

표 5.2 : 한 주 계획

우선순위	과제	A/B/C/D
1. 파스케일 방문 약속	게리에게 메모 남기기	C
	호텔 예약	A
	비행스케줄 받기	C
	예약 확인	D
★		
2. 수요일까지 견적보고서 완성	댄과의 미팅 약속	A
	서식 완성	A
	평가회의 날짜 정하기	B
	복사물 철해놓기	D
★		
3. 복사기 구마 결정하기	팸플릿 검토	C
	회사 세 곳에 전화	D
	견적서 받기- 두 곳	D

중요한 일을 위한 시간계획

● 주간 계획표 관리 비결

주간 계획과 일일 계획을 연결하라. 주간 계획표는 책상 앞 벽에 붙여서 한 주 동안 해야 할 도전과제들과 그 진행과정을 항상 볼 수 있게 한다. 과제를 하나씩 끝낼 때마다 줄을 그어 목록에서 지우고 나머지 과제들의 우선순위를 수정한다. 아니면 '할 일 목록'에서 과제들을 끌어내서 하루 일과에 편성하고 우선순위를 정해도 된다.

> 컴퓨터서비스 회사의 MD인 디타는 월요일마다 아침 9~10시 사이에 관리팀과 함께 회의를 한다. 이 시간에 그들은 지난 주의 성과를 보고하고 그것을 장기적인 우선순위와 어떻게 연결할 것인지 의논한다. 그리고 이번 주의 우선순위를 서로 이야기하며 동료들에게 도움을 청하기도 한다. 그 결과 다음 월요일 전까지 중요한 일을 놓치지 않고 처리할 수 있었다.

주간 도전과제들을 다른 사람에게 알려라. 관리자는 자신이 한 주 동안 할 일들을 직원들이 잊지 않도록 하기 위해 자신의 우선순위 일을 그들에게 알려야 한다. 다른 사람에게 맡길 과제들이 있다면 일찍 맡기고 주중에 그 진행과정을 점검할 수 있도록 수첩에 기록한다. 금요일까지는 일의 진행상황 점검을 마쳐야 한다.

중요한 일을 위한 시간계획

● 자신과 약속하라

　기억을 돕는 목적으로 수첩을 사용하는 사람들이 많다. 날짜나 약속을 잊을 때를 대비해서 말이다. 관리자들도 수첩을 꼼꼼히 기록하는 일에서 일종의 편안함을 느낀다. 하루나 일주일을 계획하는 번거로움에서 해방되는 편리함이 있기 때문이다. 그리고 수첩에 적힌 대로 따라하기만 하면 된다. 가장 큰 애로사항이라면, 수첩에 적어놓는 일 대부분이 자신이 원하지 않는 일들이라는 점이다. 수첩에 적힌 미팅이나 약속들은 자신의 우선순위가 아니라 다른 사람의 이익을 위해 정해진 일이 대부분이기 때문이다.

수첩을 사용하라

- 한 주가 시작될 때는 계획이나 프로젝트와 같은 과제들을 위해 수첩을 비워둔다.
- 월별 우선순위들을 자주 점검하고 그 일들을 처리할 시간을 계획해서 수첩에 기록한다.
- 위임한 과제들의 마감시간이나 진행과정 점검 날짜를 기록한다.
- 월별 우선순위를 조정하거나 평가할 날짜를 정해서 기록한다.

수첩을 더욱 효과적으로 사용하려면 하고 싶은 일을 할 시간을 비워두고 그 시간에 다른 일들이 끼어들지 않도록 하는 방법이 있다(표 5.3). 또 시간이 많이 소비될 것 같은 다른 사람의 부탁은 하루 이틀 뒤로 미뤄 여유를 갖도록 한다. 부탁을 확실히 들어주려면 미팅에 나갈 때 수첩을 들고 가지 않는 게 좋다. 또 항상 시간을 더 적게 들이고 일을 더 쉽게 하는 방법은 없을지 자신에게 물어본다. 예를 들어 미팅을 전자우편이나 전화로 대신할 수 있는지 알아보는 것이다.

표 5.3 : 수첩

10 월요일 우선순위	11 화요일 우선순위 영국에전화 TCT계획	12 수요일 우선순위 IRT보고서 완성	13 목요일 우선순위 장식계획 CBU	14 금요일 우선순위 업무평가계획	15 토요일 우선순위
8...... 30 9...... 30 10...... 30 11...... 30 12...... 30 1...... 30 2...... 30 3...... 30 4...... 30 5......	8...... 30 TCT계획 9...... 30 10...... 30 영국에 전화 11...... 30 12...... 30 1...... 30 2...... 30 JD프로젝 트 평가 3...... 30 4...... 30 5......	8...... 30 9...... 30 10...... 30 11...... 30 IRT 보고서 12...... 30 1...... 30 2...... 30 3...... 30 IRT 보고서 4...... 30 5......	8...... 30 9...... 30 장식계획 10...... 30 11...... 30 12...... 30 1...... 30 2...... 30 3...... 30 MBWA 4...... 30 DF레터 점검 5......	8...... 30 LPT 9...... 30 10...... 30 11...... 30 12...... 30 1...... 30 2...... 30 3...... 30 업무평가 4...... 30 5......	8...... 30 9...... 30 10...... 30 11...... 30 12...... 30 1...... 30 2...... 30 3...... 30 4...... 30 5......

중요한 일을 위한 시간계획

● 수첩 사용 비결

생각할 시간을 만들라. 수첩에 시간을 표시해서 장기계획을 세우거나 생각할 시간을 만든다. 신문이나 잡지의 기사를 훑어보고 앞으로 몇 달 동안의 일을 계획하거나 마케팅 캠페인이나 신제품 개발에 관해 동료들과 회의할 시간을 만든다.

> 사람들은 대부분 1년에 한두 번 생각이란 것을 한다. 나는 일주일에 한두 번 생각해서 세계적인 명성을 얻었다. - 조지 버나드 쇼

수첩에 기록된 과제들을 나눠라. 보고서를 작성하거나 프레젠테이션을 계획하는 등 특정한 과제를 준비하려면 수첩에서 특별히 시간을

빼서 주간계획표나 '할 일 목록'과 연결한다. 화요일 아침 한 시간을 조금 어려운 과제에 할애해서 첫 성공의 기쁨을 누리는 것도 좋다. 어려운 과제를 계획하는 데 한 시간을 할애하면 그 일이 조금 분명하고 쉬워진다. 네다섯 시간 걸리는 큰 과제가 있다면 한 시간 단위로 잘라 닷새에 걸쳐 조금씩 진행한다. 작가들도 책을 쓰는 길고 지루한 일을 하루에 몇 시간씩 또는 몇 페이지씩 나눠서 한다. 나는 커다란 과제를 할 때는 스톱워치를 사용하며 한 시간을 채우면 자신에게 15분의, 휴식이라는 상을 준다.

중요한 과제들은 아침에 배치하라. 시간분석에서 나오는 가장 재미있는 결과는 아침 시간에 하는 일상적인 활동들의 양이 아주 많다는 사실이다. 가장 중요한 일들을 가능한 한 아침에 배치하고 위험부담이 덜한 일들은 집중력이 저하되는 오후로 미룬다. 일상적인 회의나 통신, 공장 순시, 전화응답 등은 모두 오후 시간에 배치하는 게 좋다.

> 너무 바빠서 운동할 시간이 없다는 사람들은 아이들을 걱정할 시간도 없고 때로는 너무 바빠서 아무 일도 못한다. 그러면 나는, 미국 대통령도 시간이 있는데 여러분은 왜 없느냐고 묻고 싶다. – *조깅을 꾸준히 하는 부시 대통령*

자신을 위한 시간을 내라. 현대인들의 스트레스는 주로 자기 시간을 다른 사람이나 사건이 통제하기 때문에 생긴다. 그러나 시간을 뜻대로 쓸 수 없다고 불평하면서도 여전히 약속시간을 다른 사람이 정하게 할 뿐, 회의와 전화통화 시간을 스스로 정하는 법이 없다. 렌트카 전문업체 에이비스(Avis)의 사장이던 로버트 타운센드는 자신의 전화를 비서에게 받게 해서 시간을 절약했다. 그러자 스스로 정한 시간에 상대와 통화할 수 있었다. 그리고 자신에게 오는 모든 메시지를 비서에게 받도록 했고, 언제 대답을 들을 수 있는지도 알려주게 했다. 비현실적으로 들리겠지만 생각이나 계획을 할 시간이 필요하다면 다른 사람의 일 때문에 자신의 주의가 흐트러지지 않도록 해야 한다.

휴식을 계획하라. 과로가 스트레스로 이어지는 것을 피하려면 운동이나 휴식을 위한 시간을 계획해야 한다. 새해가 시작될 때 휴가나 짧은 휴식을 계획해서 그 시간을 자신에게만 투자하자. 운동을 하고 가족이나 친구들과 보낼 시간은 가능한 규칙적으로 계획하라. 이를테면 목요일은 헬스클럽 또는 매월 첫 월요일은 가족을 위한 날 등으로. 그러면 그것이 생활의 일부분이 될 것이다.

> 회사의 간부들은 나에게 와서 자랑스레 말하곤 했다. "어휴, 작년에는 너무 바빠서 휴가도 못 갔습니다." 이것은 별로 자랑스러운 일이 아니다. 나는 항상 이렇게 대답해주고 싶다. "이 어리석은 사람아, 8천만 달러짜리 프로젝트의 책임은 질 줄 알면서 1년에 가족과 보낼 2주도 계획할 줄 모르는가?" – 리 아이아코카

관리자들은 다른 사람이 해도 되는 일상적인 일에 너무 쉽게 몰두

해서 많은 시간을 허비한다. 일을 운영하는 데만 시간을 쏟지 말고 자신이 정말 하고 싶은 일을 할 시간을 만들자. 그리고 다른 사람에게 맡겨도 되는 일에 시간을 허비하지 말고 어려운 과제를 찾아서 과감히 도전하라.

시간관리를 잘하는 방법

앞으로 달성하고 싶은 목표에 더 많이 집중하면서 급한 일이나 일상의 일 때문에 어쩔 수 없이 뒤로 밀려나는 중요한 일들을 처리할 시간도 만든다. 중요한 목표는 시간을 투자해야 달성할 수 있는 것이 이 세상의 이치다. 시험이나 살 빼기 또는 프로젝트 준비 등이 그렇다. 없는 시간을 쪼개 쓸 수 있는 방법만 연구하지 말고 '할 일 목록'이나 주간 계획, 수첩 등을 이용해서 중요한 일을 할 수 있는 시간을 계획하자. 또 중요한 일을 가장 활기 있는 오전 시간대에 배치한다. 하루 중 가장 집중이 잘 되는 시간에 일상적인 일들을 처리하고 가장 피곤한 시간에 중요한 일을 하던 습관을 확 바꾸어야 한다.

위임이란 하고 싶은 일을 포기하고 포기하고 싶은 일에 매달리는 것이다.
Delegation means letting go of what you want to hang on to
And hanging on to what you want to let go

TIME

Chapter 6

일상적인 일과 급한 일을 다른 사람에게 맡겨라

중요한 과제들이 아닌 일상적이거나 급한 일에 휘둘리는 관리자들이 그렇게 많은 이유는 무엇일까? 관리자들은 모든 일을 책임져야 하고 직원들은 아무 일도 책임지면 안 되는 이유는 무엇일까? 관리자들은 과로에 지치고 직원들은 스스로를 이용가치가 없다고 생각하며 지루해하는 것은 왜일까? 다른 사람이 해도 되는 일을 굳이 자기가 하려는 관리자들은 또 왜 그렇게 많을까?

다른 사람이 해도 되는 일을 하는 관리자들은 혼자 하는 것이 쉽기 때문이라고 말한다. 그러나 혼자서 일을 처리하면 다른 사람은 좀처 그 일을 배울 수 없고 시간이 지날수록 그 일이 당신의 일로 굳어진다는 문제가 발생한다. 숙련된 직원이 부족하다는 것이 다른 사람의 일까지 도맡아서 하는 관리자들의 또 다른 변명이다. "그 일을 잭에게 맡길 수 없습니다. 잭은 아주 바쁘거든요."

Delegate the Routine and Urgency

일상적인 일과 급한 일을 다른 사람에게 맡겨라

● 일상적인 일은 다른 사람에게 맡겨라

관리자들은 직원들이 얼마나 바쁜지 실제로 확인하려 들지 않는다. 사람들은 대부분 바쁘다. 그러나 무엇을 하느라 그토록 바쁜 것일까?

다른 사람들에게 맡길 일을 붙들고 앉아 낑낑대는 관리자들이 가장 흔히 하는 말은, 그 일이 직원들과 관계없는 일이기 때문이라는 것이다. 그러나 관리자들이 일상의 일을 스스로 처리하려 드는 까닭은 그것에 익숙하기 때문이다. 인간은 익숙한 일들을 쉽게 포기하지 못한다. 오래된 교과서나 옷, 편지 등을 버리지 못하는 사람들이 얼마나 많은가? 포기하기 어렵다는 이유로 발전이 없는 일이나 나쁜 관계를 그만두지 못하는 사람들은 또 얼마나 많은가?

당신은 다른 사람에게 자리를 빼앗길까봐 앉아서 불평만 하며

평생을 브냈다. - 후 레오나드

중요한 알에 집중하려면 익숙하고 편안한 일상의 일들을 포기해야만 한다. 올림픽 경기를 앞둔 선수들은 좋아하는 음식이나 친구들과의 만남, 돈, 심지어 직업까지도 포기한다. 이들이 쉽게 포기할 수 있는 이유는, 자신의 기량을 향상시켜 경기 출전자격을 얻고 국가를 대표해서 메달을 따겠다는 분명한 목표에 몰두하기 때문이다. 이처럼 분명한 목표나 우선순위가 없으면 일상의 일이 주는 편안함을 포기하기란 대단히 어렵다.

그러나 분명한 목표가 있으면 다른 사람에게 일을 맡기기 쉽다. 또한 단순히 일을 맡기는 것보다 광범위한 진행과정 모두를 위임해버리면 더 도움이 된다. 당신이 일을 함에 있어, 시간을 낭비하게 하지 않을 수 있는 방법에는 네 가지가 있다.

1. 부하에게 책임을 더 부여한다.
2. 당신의 우선순위를 고려하지 않은 상사의 지시에 '아니오'라고 말한다.
3. 자신의 문제를 당신에게 떠넘기는 동료들에게 그 일을 다시 처리하도록 만든다.
4. 쓰레기통을 위임의 수단으로 사용한다. '계산된 태만의 법칙'은 그냥 놔두면 저절로 없어지는 일들이 많다는 사실을 상기시킨다.

표 6.1 : 위임하기

위임하고 싶은 일들의 목록을 만들어보자. 모든 활동에 대해 최근에 소비한 시간과 줄이고 싶은 시간을 추산한다. 위임의 네 가지 전략을 사용하면 주마다 절약할 수 있는 시간이 얼마나 되는지 알 수 있다. 그 가운데 하나를 선택해서 다음 달의 우선순위로 삼는다.

과제	현재 사용하는 시간	권장 시간	절약되는 시간	방법
일상회의	8	5	3	• 월례회의 참석을 짐에게 위임한다. • 회의 시간을 30분으로 줄인다.
이동	12	6	6	• 회의 장소를 중간지점으로 정한다. • 기차를 탄다.

일상적인 일과 급한 일을 다른 사람에게 맡겨라

● 책임감 위임하기

관리자들이 사람들의 요구를 거절하고 동료들의 문제를 대신 떠안지 않을 필요를 느끼면서도 실제로는 그렇게 하지 못하는 가장 큰 장애물은, 직원들과 책임감을 나누기 어렵다는 사실이다. 관리자로서 하려고 하는 중요한 일들에는 직원들의 단순한 도움이 아니라 헌신이 필요하다. 예를 들어 한 직원에게 회의에 필요한 자료를 복사하도록 부탁했다면 그것은 모호하지 않고 분명한 과제이고 결과를 확인할 수 있기 때문이다. 반대로 회의에서 행정업무의 책임을 모두가 지도록 요구했다면 훨씬 광범위한 과제를 넘겨준 것이 된다. 그리고 책임을 맡은 직원은 스스로 선택한 방법으로 일을 하고 당신은 그 과정을 쉽게 통제할 수 없다. 책임을 위임하는 것에는 일을 위임하는 것과 달리 그 사람을 믿는다는 뜻이 포함되기 때문이다.

벼랑에서 떨어진 등산가가 바위 틈에서 자란 작은 나무를 붙잡고 살아난 이야기를 들어보았는가? 허공에 매달린 그는 외쳤다.
"위에 누구 없어요?"
몇 초가 흐르자 뒤에서 목소리가 들렸다.
"내가 여기 있다."
"누구시죠?"
등산가가 외쳤다.
"하느님이다. 내가 너를 구해주마."
목소리가 대답했다.
"제가 어떻게 해야 됩니까?"
등산가가 물었다.
"가지를 놓아라. 내가 너를 붙잡아주마."
목소리가 말했다.
몇 분쯤 지나자 등반가는 불안한 목소리로 다시 외치기 시작했다.
"위에 누구 없어요?"

물론 다른 사람에게 일을 맡기라는 것이 그 사람을 무조건 믿으라는 뜻은 아니다. 일이 잘못되면 그 책임은 여전히 당신이 져야 한다. 그래도 관리자들은 직원들이 진정한 책임감을 가질 수 있도록 하기 위해서라도 그들을 믿는 법을 배워야 한다. 여기에는 시간이 필요하다. 이미 직원들과 충분한 시간을 보냈다고 믿겠지만 실제로는 일상의 사안들이나 사소한 문제들을 놓고 그들과 접촉한 것이 대부분이다. 직원들이 자신과 거의 같은 정도의 책임감을 갖는다고 믿기까지는 '양질의 시간'이 필요하다. 그들에게 원하는 것이 무엇인지를 분명히 하고 과제에 대해 주인의식을 갖게 하며 책임감을 공유하도록 격려하기 위해 필요한 시간이다. 개인적인 관계에서도 그렇듯이 네 가지 중요한 방법으로 시간을 들여서 관계를 발전시키고 유지하지 않

으면 누군가를 믿는다는 것은 참으로 어려운 일이다.

1. 원하는 것을 직원들에게 말하라

최근의 조사결과를 보면 종업원들의 70퍼센트 이상이 상사가 무엇을 원하는지, 자신들의 근무성과가 어떤 방법으로 평가되는지 분명히 알지 못한다고 한다. 관리자들만 직원들에게서 무엇을 얻고 싶은지 모르는 것이 아니라 그들 스스로도 자신의 요구를 모호한 단어로 표현한다. "이것을 좀 '처리', '진행', '조정'······해주십시오."

관리자들도 직원들에게 메시지를 분명히 전달하지 못하기는 매한가지다. "이 일은 자네가 전적으로 책임지고 진행하게. 하지만 문제가 있으면 내게 보고하도록.", "내 지시를 따라 자네 방식대로 처리하게."

어떤 요구인지 분명히 알아들었냐고 물으면 대부분의 직원들은 애매한 목소리로 대답한다. "그런 것 같습니다."

관리자들은 직원들에게 자신의 요구를 분명히 전달하지도 못했으면서 한 번 말한 것으로 충분하다고 철석같이 믿는다. 아이스크림이나 초콜릿을 얻기 위해서는 몇 번을 졸라대야 한다는 사실처럼, 원하는 것이 있으면 적어도 두 번은 말해야 한다는 사실은 어린아이도 알고 있는 기초적 상식이다. 마찬가지로 직원들에게 관리자가 무엇을 원하는지를 알리고 싶다면 한 번으론 부족하다. 여러 방법으로 같은 이야기를 반복해서 그들이 분명하게 메시지를 인식하도록 해야 한다.

직원들에게 책임감을 상기시키는 좋은 방법은 그들이 목표에 동의하도록 만드는 것이다(표 6.2). 개인적으로 또는 단체로 마주 앉아서 앞으로 두세 달 동안 해결해나가야 할 도전과제들에 대해 이야기를 나눈다. 이런 논의를 통해 그들은 몇 주 동안 해야 할 우선순위의 일 두세 가지와 과제들을 파악하게 된다. 그 목표들을 기록해서 정기적으로 일의 진행상황을 물어보면 더욱 도움이 된다. 월말이 되면 간단한 평가회의를 통해 직원들의 노력을 보상하고 더 발전할 수 있는 과제들을 찾도록 조언해주는 것도 좋다.

표 6.2 : 자신의 목표에 직원들이 동의하게 만들어라

존은 분기평가회의에서 메리의 목표 두 가지에 동의했다. 교육부의 행정업무 일부를 줄이는 한 방법으로 그는 교육 자료를 구입하는 일을 모두 메리가 담당하게 하고 싶었다. 그때는 메리가 컴퓨터그래픽스 기술을 익힐 필요성을 느끼던 때였다. 존은 두 가지를 모두 목표로 삼고 메리가 이 두 분야에서 성과를 거둘 수 있도록 도왔다.

목표-3개월	과제-1개월
6월 30일까지 모든 용품 주문 업무를 인계한다.	공급처 두 곳의 담당자를 만난다.
	재고목록을 작성한다.
	재고물품의 가격을 계산한다.
	공급처로부터 카탈로그를 받는다.
8월 28일까지 기본적인 컴퓨터 그래픽스 자격증을 딴다.	PC에 소프트웨어를 설치한다.
	세 가지 강좌에 등록한다.
	일주일에 두 시간씩 공부한다.
	자격증에 필요한 조건을 점검한다.

한 달이 흐르면서 메리는 여러 과제들을 자신의 일과 병행할 수 있게 되었고, 존은 그녀가 발전하는 모습을 보며 격려와 보상을 아끼지 않았다. 한 달이 지났을 때 그들은 과제목록을 평가하고 다음 달에는 무엇을 할 것인지에 관해 15분 동안 이야기를 나눴다.

2. 주인의식과 헌신

다른 사람에게 책임을 맡길 때 가장 실망하는 부분은 그 과제에 완전히 몰두하지 않는 모습이다. 진정한 주인의식은 그저 머리를 끄덕이는 것과는 다르다. 주인의식은 가져갈 수도 짐작할 수도 없는 것이어서, 상사가 일을 완전히 맡기지 않고 세세한 부분까지 간섭하려 들어도 직원들은 주인의식을 갖지 못한다.

관리자로서 당신은 직원들이 주인의식을 갖도록 충분한 시간을 갖고 교육해야 하며 간섭하고 싶은 유혹에 빠지지 않도록 스스로도 노력해야 한다. 계속 간섭하면 그 과제의 책임은 여전히 자신에게 남을 뿐이다. 일이 잘못되더라도 꾸준히 밀고 나가야 한다. 그러나 광범위한 책임을 지게 하고도 전혀 돕지 않는다면 그것은 책임을 전가하는 일에 지나지 않는다.

짐은 중요한 판매회의 계획에 직원들을 동참시키기로 결심했다. 그들은 함께 계획회의를 여러 번 했고 모든 사람들이 회의가 개최되는 3일 동안 맡을 각자의 책임을 잘 알았다. 그러나 회의가 시작된 첫날, 짐의 방식이 바뀌었다. 직원들이 맡은 과제를 하도록 격려하지 않고, 사소한 일에까지 간섭하며, 중요한 일은 맡기지 않은 채 작은 문제만 생겨도 사람을 믿지 못하더니, 계속 자기 뜻대로만 일을 처리하기를 원했다. 첫째날이 끝날 무렵부터 직원들은 의욕과 자신감을 잃기 시작했고, 그들이 책임감을 보여주지 않자 짐은 점점 더 작은 일에까지 매달리게 되었다.

지도란 다른 사람이 어떤 과제를 잘 해낼 수 있도록 힘을 북돋워주는 과정이다. 진정한 지도자는 무엇을 하라고 말하는 대신 영감을 불어넣는다. 여기에는 두 가지 기본 기술이 있다. 첫째는 말을 이끌어내고 스스로 생각할 수 있도록 격려하기 위해서 '열심히 듣는다'이다. 즉, "앞으로 세 달 동안에 필요한 프로젝트는 무엇이라고 생각합니까?", "그 문제는 어떻게 접근해야 할까요?", "여기서 달리 선택할 수 있는 방법은 무엇입니까?", "어디서부터 시작하면 좋을까요?", "무엇부터 시작해야 할까요?" 등의 질문에 귀 기울이는 것이다. 둘째로 지도자들은 '피드백' 방법을 쓴다. 즉, "정말 잘하고 있어", "자네의 실적은 목표보다 20퍼센트나 더 높군" 또는 "지난 주보다 고객의 불만이 세 건이나 줄었네"와 같은 말로 적극적인 격려나 올바른 충고를 하는 것이다.

> 공기업 내의 의사소통에 대한 한 연구에서 직원들로부터 항상 아이디어를 얻는다고 대답한 관리자들은 76퍼센트였고, 상사로부터 조언을 얻는다고 응답한 직원들은 16퍼센트에 불과했다.

부하들에게 당신이 원하는 것을 이야기한 다음에 그들을 지도하라. 그리고 그들이 책임감을 가지고 일하는 모습을 기쁘게 바라보며 언제든지 도와줄 준비를 갖추라.

3. 맡긴 일을 모니터하라

관리자들은 책임을 나눌 수 있을 뿐 완전히 넛어날 순 없다. 어떤 일이 잘못되면 그 책임을 져야 할 사람은 항상 관리자다. 그런 당신과 당신의 부하들을 위해서 당신이 포기해야 할 것을 따라야 함과 동시에 부하들의 신뢰를 과소평가하지 않도록 주의해야 한다. 맡긴 일을 감시하는 방법에는 여러 가지가 있다.

- **순시(MBWA, managing by wandering around)** 정기적으로 시간을 정해놓고 직원들과 자연스러운 접촉 시간을 가지며 일의 진행상황을 알아본다.
- **듣기(Naive listening)** 부하들이 맡은 과제를 세세히 물어보는 대신 '어떤 과제를 진행하고 있는가?', '어떻게 되어가고 있는가?' 또는 '어떤 어려움이 있는가?'와 같이 다양한 대답이 나올 법한 질문을 한다.
- **집단 평가(Group reviews)** 다른 사람들 앞에서 자신의 목표에 대한 진행상황을 발표, 평가하게 하여 피드백을 얻을 수 있도록 한다. 이것은 상사가 아니라 동료들로부터 도전을 받게 만드는 방식이다.
- **정기적인 일대일 대화(Regular one-on-ones)** 부하들과 일을 벗어난 자유로운 대화를 자주 갖고 그들과 함께할 시간을 계획한다. 이런 만남은 한 달에 10분에서 15분 정도면 충분하다. 그리고 듣기와 말하기의 비율을 70과 30퍼센트로 유지한다. 그들이 이야기할 수 있는 기회를 자주 주고 항상 그들에게 보상할 수 있

는 무엇인가를 준비한다.
- **위임 체크리스트**(Delegation checklist) 부하에게 일을 시키고 난 후 그것을 잊은 적이 얼마나 자주 있는가? 그 일을 언제까지 끝낸다고 했는가? 부하에게 시킨 일을 잘 기억하는 간단하면서 효과적인 방법은 위임 체크리스트를 만드는 것이다.

다른 사람에게 맡기고 싶은 일이 생기면 바로 목록에 추가한다. 그 일을 할 사람을 정하면 옆에 날짜와 그 사람의 이름을 기록한다. 즉시 해야 할 일이 아니거나 어떤 특정한 날짜에 완성해야 할 일이라면 서로 의논해서 마감일을 정한다.

마감일은 맡은 사람이 정하도록 하는 게 좋고 다음 회의 전까지 끝내야 할 일이라면 그 날짜를 미리 알려준다. 마감일과 함께 진행과정을 모니터할 날짜도 기록한다.

체크리스트는 벽이나 책상 앞처럼 잘 보이는 곳에 두어 부하들이 무엇을 끝내고 무엇을 진행하고 있는지 분명히 알 수 있도록 한다. 또 이 리스트를 게시판에 붙여서 서로 어떤 일을 하는지 알게 하는 방법도 좋다. 체크리스트를 만들면 부하에게 맡긴 일들을 관리하는 데 큰 효과가 있다.

4. 진행과정 점검과 보상

인생에서 겪는 것과 마찬가지로 일에서도 자신을 알아주는 사람이 있으면 어려운 책임도 거뜬히 완수할 수 있는 힘이 생긴다. 수당을 더 준다고 해도 초과근무에 자원하지 않는 사람이 자신이 존경하는 사람의 일에는 기꺼이 나서줄 때가 많은 것과 일맥상통한다.

심리학에서는 보상이 있는 일은 반복되고 보상이 없는 일은 소멸하는 경향이 있다고 말한다. 아이들에게 학습에 대한 책임을 일깨워주려면 부모가 그들의 노력을 알아주고 많이 칭찬해주어야 하는 것과 같다. 칭찬의 효과가 아주 크다는 사실을 알면서도 관리자들은 부하들의 노력은 과소평가하고, 성공을 칭찬하기보다는 실패를 비난하는 경우가 많다.

부하들에게서 최선을 이끌어내는 방법을 직관적으로 아는 관리자들도 있지만 대부분의 사람들은 직원들에게 보상을 함으로써 그들의 노력을 알아주는 방법을 택한다. 그리고 매번 일을 잘하는 사람들보다는 일처리가 서툰 부하들에게, 비록 그들이 목표를 완벽하게 달성하지 못했더라도 칭찬하고 격려해주는 것이 매우 중요하다.

부하들의 노력을 알아주고 보상해줄 수 있는 방법 두 가지를 다음 목록에서 선택하라(두 가지 이상을 하려고 하면 책을 읽은 표시가 나므로 주의하자). 수첩에 기록해서 다음 달에 실행할 수 있도록 시간을 계획하자.

- 달마다 일대일 대화하기
- 아이디어나 제안 일람표 만들기
- 훈련 계획
- 생일이나 기념일 축하하기
- 순시 자주 하기
- 일을 잘 못하는 부하들과 더 많은 시간 갖기
- 비공식회의를 자주 열어 시간 공유하기
- 프로젝트 완성이나 목표달성을 축하하는 회식 갖기
- 정기적으로 팀 브리핑하기
- 목표에 관한 진행상황을 보고할 수 있는 팀 회의 열기

일상적인 일과 급한 일을 다른 사람에게 맡겨라

● 부하들의 권한을 강화하라

전통적으로 중간 관리자들이 해온 조정업무가 품질과 서비스 혁신과 같은 광범위한 사안에서, 직원들끼리 책임을 서로 나누는 것을 목적으로 보다 많은 사람을 관리에 참여시키는 불간섭 방식으로 변하고 있다. 책임소재가 아래로 내려가는 참여문화를 개발하려면 관리자들이 직원들의 시각을 넓혀 일의 능력을 강화시키는 감독방식을 채택해야 한다. 능력을 강화한다는 것은 앞으로 다가올 도전과제를 파악하고 직원들이 그것을 자신의 과제로 인식할 수 있도록 공유하는 것을 의미한다.

> 교사와 지도자들은 사람들이 결과에 대한 기대가 높을수록 높은 성과를 달성한다는 비밀을 알고 있다. - 존 가드너

좋은 코치는 선수가 최고의 기량을 발휘할 수 있도록 영감을 불어넣고, 좋은 부모는 아이들에게 동기를 유발한다. 마찬가지로 관리자들도 앞으로 다가을 조직의 진정한 도전과제에 직원들을 참여시키려면 이처럼 해야 한다. 개인과 단체의 기대감을 증가시키려면 대화로써 미래의 비전을 공유하고 분명한 기준을 세우며 도전과제를 갖게 하는 것이 중요하다.

인생의 모든 분야에서 성공하는 사람들은 날마다 발전하는 과정을 통해서가 아니라, 어렵고 위험한 도전과제에 부딪쳐 변화와 불안정을 극복하면서 자신을 확신하게 된 사람들임을 여러 연구 결과를 통해 알 수 있다. 성공한 중간관리자들의 일반적인 경험은 다음과 같다.

- 바닥 끝까지 던져진 경험이 있다.
- 복잡하게 얽힌 문제를 해결해야만 했다.
- 중요한 도전과제를 맡은 적이 있다.
- 직업상의 위기를 겪었다.
- 촉박한 마감시간에 쫓긴 적이 있다.
- 상급 관리자에게 프레젠테이션을 해야 했다.

일상적인 일과 급한 일을 다른 사람에게 맡겨라

● 사소한 문제는 스스로 처리하게 하라

　관리자들의 시간을 부족하게 하는 중요한 원인은 아래쪽에서 발생하는 문제들의 분량이다. 위임은 주로 위에서 아래로 향하는 과정이라는 시각이 있지만 현실은 정반대다. 맡긴 일 때문에 일어나는 문제, 위기, 방해 상황들은 모두 아래에서 위로 향한다. 관리자들은 사소한 문제들에 대응하면서 엄청난 시간을 빼앗기고 부하들은 다음에도 문제가 발생하면 관리자에게 도움을 요청해야 한다는 것 말고는 아무것도 배우지 못한다.

　사소한 문제들을 부하들에게 처리하도록 하면 윗사람에게 거꾸로 일을 되맡기는 상황을 막을 수 있다. 윗사람에게 일을 떠넘기는 상황이 계속된다면 관리자들은 작은 문제에 많은 시간을 허비할 것이고, 부하들은 아무것도 배울 수 없다.

사소한 문제를 스스로 처리하게 하는 법

- 직원들이 문제보다는 해결책을 갖고 찾아올 수 있도록 격려한다.
- 조언이 아니라 질문을 한다(예를 들어 '어떤 의견이 있는가?' 혹은 '다른 선택의 여지는 없는가?' 등).
- 문제를 제기하고 그것을 집단 내에서 해결할 수 있도록 직원회의를 날마다 또는 주마다 연다.
- 직원들의 방해를 받지 않는 시간을 계획한다.
- 반복해서 생기는 문제들은 처리 절차를 정한다.
- 직원을 교육할 시간을 만든다.
- 스스로 문제를 해결한 사람에게는 보상을 한다.

과로와 중압감을 호소하는 관리자들도 많지만 능력과 잠재력이 활용되지 않는다고 불평하는 직원들도 아주 많다. 연구결과에 따르면 일선에서 일하는 관리자들 가운데 자기 능력의 3분의 1만을 쓴다고 응답한 사람은 25퍼센트였고, 능력의 3분의 2까지 발휘한다고 답한 사람은 50퍼센트가 넘었다.

'인간은 가장 위대한 자원'이라는 말이 현실이라면 관리자들은 스스로 일을 처리하는 시간을 줄이고 부하들의 능력과 자기 확신을 개발하는 데 목표를 더 많이 두어야 한다. 관리자들은 급한 일이나 일상의 업무를 부하가 대신 맡도록 하거나 책임을 다른 사람과 나누는 것만으로도 중요한 도전과제를 해결할 시간을 확보할 수 있을 것이다.

시간관리를 잘하는 방법

관리라는 말은 다른 사람을 통해 결과를 얻는 것을 의미한다. 그리고 다른 사람에게 책임을 맡기지 않으면 자신이 해야 할 중요한 일에 필요한 에너지와 공간을 확보하기 어렵다. 역설적인 말이지만 부하들에게 일을 맡기는 것은 그들과 함께할 시간을 더 많이 만든다는 뜻이다. 그들에게 당신이 원하는 것을 확실히 인식시키고, 주인의식을 갖게 하고, 맡긴 일을 모니터하고, 책임에 대한 보상을 해야 하기 때문이다. 충분한 시간을 들여서 교육과 지도, 일대일 대화, 목표설정과 주기적인 순시를 하지 않으면 좋은 결과를 얻을 수 없다.

부하들이 보다 높은 수준의 책임감을 갖게 하려면 기회를 제공하고, 위험을 감수하도록 격려하며, 그들을 지도하고, 그들의 능력을 확신하고 있음을 보여주어야 한다. 직원들을 믿지 못하면 그들에게 일을 맡길 수 없고, 그들에게 일을 맡겨보지 않고는 그들을 믿을 수 없다는 것을 명심하자.

다른 사람들에게서 최선을 이끌어내지 못하면
그들이 당신에게서 최악을 이끌어낸다.

If you don't bring out the best in others
They may bring out the worst in you

TIME

Chapter 7

상사에게서 최선의 것을 이끌어내라

관리자들에게는 업무에 관한 교육을 받을 수 있는 기회가 두어 번 주어지지만 직원들은 상사를 어떻게 대해야 하는지에 대한 아주 간단한 지침마저도 기대할 수 없다. 관리자로서 성과를 거두는 것은 아랫사람을 얼마나 잘 관리하느냐에 한정되지 않는다. 그보다는 동료나 상사와 맺는 관계의 질이 중요하고 특히 사장과의 관계가 가장 중요하다. 당신의 사장은 어떤 사람인가? 당신은 그들을 어떻게 관리하고 있으며 그들은 당신을 어떻게 관리하는가? 그들에게도 보통 사람들처럼 결점이 있는데, 그것은 당신이 일하는 데 아주 중요한 부분을 차지한다. 좋은 사장 밑에서 일한 경험이 있다면 잘 알고 있을 것이다. 잘못하면 직장생활이 악몽이 될 수도 있다는 사실을.

Get the Best Out of Your Boss

상사에게서 최선의 것을 이끌어내라

● 동맹 혹은 적대

가장 먼저 알아야 할 것은 사장도 사람이라는 사실이다. 아마도 재능이 있고 운도 더 따랐겠지만 사람임에는 틀림없다. 그리고 그들의 행동방식은 지위의 산물일 때가 많다. 나는 처음 만난 사장을 아직도 잘 기억하고 있다. 그는 직원들에게 불가능한 요구를 해놓고는 실수에 대해서는 조금의 인내심도 보이지 않는 사람이었다. 그가 얻는 성과 대부분은 다른 사람의 엄청난 노력에 따른 것이었고 결과적으로 개인과 팀 모두는 과도한 스트레스에 시달려야 했다. 이런 방식의 피해자들 때문에 회사는 실패의 기운이 맴돌았고 까다로운 사장에 관한 일화들만 무성했다. 그 행동방식에 더욱 호기심이 생긴 것은 그의 집을 방문했을 때 처음 접한 그의 또 다른 면 때문이었다. 그는 잘 자란 세 아이들에게는 친절하고 헌신적인 아버지였고, 아내에게는 힘든 일을 도맡아 하는 남편이었다. 그때는 그가 사무실에만 오면 왜 그렇게 달라지는지 이해할 수 없었지만 지금은 잘 알 수 있다.

사장은 직원들이 결코 이해할 수 없는 온갖 종류의 중압감에 시달린다. 그들은 아마 기술적인 경쟁력을 가졌거나 오랜 시간 자신이 모셨던 사장에게 열심히 봉사해서 이 지위까지 이르렀을 것이다. 그러나 그는 사장에게서 관리를 어떻게 해야 하는지는 아직 배우지 못한 상태에서 직원들을 거느리게 된 것이다. 부하들은 사장에게 불가능하고 모순된 요구를 할 때가 많다. 과감한 결단력과 부하들의 참여를 수용하는 자세, 확신과 겸손, 강인함과 동정심을 동시에 원한다. 확신이 없는 모습을 보이면 우리는 그들을 부적격자로 판단해버리고 그의 민감함을 유약함의 상징으로 받아들인다. 또 우리는 사장의 격려에 감사하는 일이 적고 그들의 지위가 보기보다 굳건하지 않다는 사실을 모른다. 게다가 최고의 지위는 외로우며 정직한 의견을 듣기 어렵다. 시시콜콜한 이야기가 사장의 귀에 들어가지 않도록 부하들 스스로 입조심을 하기 때문이다.

그러나 관리자들에게 자신에게 가장 많은 영향을 준 인물을 꼽으라고 하면, 확신을 심어주고 모범이 된 과거 또는 현재의 사장을 말할 사람이 많을 것이다. 즉, 좋은 사장은 동역자로, 든든한 후원자나 지도자로 우리의 발전에 필요한 여러 가지 요구를 충족시켜줄 수 있다.

당신은 좋은 사장을 만나는 행운을 얻었는가? 지금의 사장에게서 더 많은 것을 이끌어낼 수 있는가? 그렇다, 당신은 할 수 있다. 사장에게서 최선의 것을 끌어내는 일은 자신에게 이익이 되는 일이다. 피터 드러커는 말했다. "흔히 말하는 것과는 반대로, 부하들은 자격이 없는 사장을 밟고 높은 지위로 올라갈 수 없다."

사장이 실패하면 당신 역시 그의 무능함에 휩쓸려 자신의 성공을 드러낼 수 없다.

상사에게서 최선의 것을 이끌어내라

● 가치 있는 시간을 만들어라

일과 관련해서 사장과 자주 만나면 그와 충분한 이야기를 나누고 있다고 믿게 된다. 그러나 관리자로서 당신은 충분한 시간을 들여서 자신이 무엇을 목표로 하는지 의논하고 필요한 것을 요구하고 두 사람 모두에게 관련된 문제들을 상의하고 있는가? 중압감이 클수록 가치 있는 시간을 갖기란 더욱 어렵다. 그러나 이런 때일수록 가치 있는 시간이 더욱 필요하다. 서로 다른 직업과 어린 아이들의 문제가 가족생활에 중압감으로 작용하듯이 일의 분량 역시 동료와 상사와의 관계를 발전시키는 데 방해가 된다. 몇 년 전 우리 집에 세들어 살던 한 부부는 일주일에 한 시간씩 벽에 차트를 붙여놓고 가족과 자신들의 관계문제를 토론하곤 했다. 사람들은 언뜻 보기에도 문제가 있는 관계인데도 자신들에게는 아무 문제없다고 큰소리를 치기 마련 아닌가.

자신에게 몇 가지 기본적인 질문을 해서 관리자와 어떤 관계를 맺고 있는지 알아보자.

	예	아니오
그들이 당신에게 원하는 것이 무엇인지 아는가?		
그들은 주기적으로 당신의 일에 피드백을 하고 있는가?		
자신의 근무실적이 어떻게 평가되는지 알고 있는가?		
어려운 문제나 사건이 있을 때 상사에게 쉽게 다가갈 수 있는가?		
상사와 반드시 상의해야 하지만 미루고 있는 일이 있는가?		
상사는 당신의 의견을 잘 들어주는 편인가?		
자신이 하고 있는 일을 상사가 충분히 알고 있다고 느끼는가?		
상사와 긍정적인 상호작용을 더 많이 하는가?		

대답이 대부분 '아니오'라면 상사와 자주 만나서 이야기할 수 있는 시간을 많이 만들어야 한다. 왜 가만히 앉아 있는 채로 남들이 칭찬해주고 지도해주며 알아주기를 바라는가? 그들에게 요구하라. 당신이 효율적으로 일하려면 그런 자세가 필요하다. 게다가 상사들은 절대 먼저 나서지 않는다. 그들은 의사소통의 시간을 중요하게 여길 줄 모르며 당신이 그들을 생각하는 만큼 당신을 많이 생각해주지 않는다.

상사에게서 최선의 것을 이끌어내라

● 상사의 상황판단을 도우라

　상사가 당신의 근무태도를 평가하는 기준이 간접적인 경로를 통해서이거나 상세하지 않다면 그들이 당신의 관리영역을 침범할 위험이 있다. '상황을 이해하지 못하는 사람은 방해꾼이 되기 쉽다'는 말이 있다. 몇 년 전에 만난 어떤 상사는 내 생각도 잘 몰랐거니와 내가 하고 있는 일은 더더욱 잘 알지 못했다. 1년을 평가하는 어떤 자리에서 그는 오랫동안 참아왔다는 듯이 나에 대한 부정적인 평가를 쏟아냈다. 그 평가의 대부분은 잘못된 것이었고 그의 주장을 뒷받침하는 근거도 거의 없었다. 그럼에도 불구하고 그의 평가는 나에게 그리고 우리가 함께 일하는 능력에 나쁜 영향을 미쳤다. 그후 나와 그 상사는 몇 번에 걸쳐 머리를 맞대고 서로의 말을 들으며 시각을 교환했다. 그리고 두 달에 한 번씩 회의를 하기로 결정했다. 그가 왜곡된 채널을 통해 나를 바라보지 않도록 하는 것이 나에게 이익이 되는 일이었으므로 첫 회의는 내가 준비하기로 했다. 또 나는 우리 부서를 향한 그의 염려와 희망을 더 공개적으로 말할 수 있는 기회를 그에게 주었고, 회의가 몇 번 진행되면서 그를 개인적으로 잘 알게 되었다. 그리고 더이상 영문도 모를 비난의 말은 듣지 않게 되었다.

자신이 우선으로 생각하는 일을 상사와 자주 의논해서 당신이 무슨 일을 하고 있는지 알게 하라. 특히 서로의 시각이 다를 위험이 있을 때는 더욱 그렇다. 그리고 당신이 우선으로 생각하는 일의 중요한 원천은 상사임을 명심하라. 조직에서 아랫사람의 역할은 윗사람을 돕는 일이기 때문이다. 그리고 상사에게 한 번 말한 것으로 충분하다는 생각은 버려라. 당신이 성취하고 싶은 것이나 그들에게서 원하는 것은 몇 번이고 반복해서 말해야 한다. 최근에 와서야 나는 친구에게 올해 휴가를 어디서 보냈는지 물었다. 그는 자신이 그리스로 갈 계획이라고 말한 것을 내가 기억하지 못하자 약간 섭섭해했다. 나는 사과를 한 뒤 올 여름에 내가 어디로 가려는지 기억하느냐고 물었다. 그의 얼굴에 나타난 미소로 보아 그 역시 잊어버렸음을 알았다. 우리가 서로의 휴가계획을 이야기한 것은 같은 날이었다.

회의시간에 상사와 협의한 내용은 꼭 다시 확인하라. 당신의 우선순위가 무엇인지, 당신이 무슨 일로 시간을 보내는지를 상사가 아는데 도움이 된다. 회의시간에 어떤 내용을 논의했고 무엇을 협의했는지를 정리한 짧은 메모를 전달한다. 당신에게는 분명해보이지만 그들에게는 그렇지 않은 것들을 반복해서 말해준다. 스탠 허먼은 상사와 회의를 할 때 비생산적인 시간을 줄이려면 '3 Whats'를 사용하라고 제안한다.

1. 주제 또는 안건은 무엇인가?
2. 당신이 제안하는 것은 무엇인가?
3. 상사에게 원하는 것은 무엇인가?

상사의 동의가 필요한 사안이 있을 때는 선택사항들과 해결책을 글로 제시하라. 선택이나 권장사항을 제시하는 방법은 상사의 특성에 따라 달라진다. 간단한 제안서를 요구하는 사람도 있고 자신의 의견을 덧붙일 수 있도록 자세한 브리핑을 바라는 상사들도 있다. 일이 잘 못되었을 때는 즉시 보고하라는 상사도 있고 문제가 해결된 후에 보고 받고 싶어하는 상사도 있다.

상사에게서 최선의 것을 이끌어내라

● 상사를 고객처럼 생각하라

　상사는 당신을 어떻게 보고 있는가? 자신을 보좌하는 체계의 일원으로 여기는가, 아니면 또 한 사람의 관리대상으로 여기는가? 보좌의 의미를 자신의 목표에 대한 가시적인 헌신이라고 생각하는 상사가 있는가 하면 정직한 피드백이라고 생각하는 이들도 있다. 또 어떤 사람은 친밀감이나 근접성이라고 보기도 한다. 상사들은 어떤 방식으로든지 도움이 필요할 때 당신이 뒤에 있다는 사실을 알아야 한다.

　상사를 보좌하는 방법의 하나로, 시간을 내서 그들의 말을 듣는 것이 있다. 그것을 일의 한 부분으로 생각해도 좋다. 말을 하면서 생각하는 타입의 상사라면 더욱 그렇다. 또 그들에게 정보를 전달하면서 보좌할 수도 있다. 그들이 질문을 하건 말건 상관없다. 기회나 위험이 도사리는 사안에 대해 정보를 제공해서 점수를 따라. 가끔씩 상사의 사무실에 들러 일의 진행상황을 들어주면서 당신이 가까이 있음을 알게 하라. '어떻게 되어가십니까' 또는 '프로젝트는 얼마만큼 진행되었습니까' 등의 말로 그들이 맡긴 일을 관리자가 먼저 나서서 자주 모니터하는 것도 좋다.

상사가 충분한 도움을 주지 않거나 관계가 만족스럽지 않을 때는 서로에게 바라는 것을 잘못 알고 있을 가능성이 높다. 어느 쪽도 만족하지 않는 관계는 쉽게 끝나버린다. 제리 하비의 우화 <애빌린 패러독스Abilene Paradox>처럼 말이다. 지독히 덥고 먼지가 날리는 오후에 한 가족이 집에서 53마일이나 떨어진 애빌린의 초라한 식당에 갔다. '최고의 메뉴'라는 음식을 시켜먹고 나서 천천히 이어지던 대화가 이윽고 아무도 애빌린에 오고 싶어하지 않았다는 사실에 이르렀다. 그들이 애빌린에 온 것은 다른 식구들이 원하는 줄 알았기 때문이었다.

> 여기 사려 깊은 네 가족이 자신의 의지로 먼지 폭풍을 뚫고 뜨겁고 황량한 사막을 106마일이나 가로질러 애빌린에 있는 초라한 식당으로 맛없는 음식을 먹으러 갔다왔다. 거기에 정말 가고 싶어한 사람은 아무도 없었다. 더 정확히 말하면 누구도 원하지 않았던 일이었다.

상사와의 관계도 이와 비슷하게 형성될 때가 많다. 서로의 필요가 같다고 단정했지만 그 결과에 둘 다 만족하지 못한다. 상사를 고객처럼 대우하라는 말은 서비스를 제공할 때 한 가지 메커니즘을 따르지 말고 편안한 만남, 공식 회의, 서면보고 등 다양한 방법을 찾으라는 뜻이다.

의사소통의 질을 확인하고 싶다면 상사의 입장에 서서 자신에게 물어보라. "내가 상사라면 나에게 바라는 것은 무엇일까?" 칼 다운스와 찰스 콘래드는 중간관리자 700명을 대상으로 자료를 수집한 결과 상사의 눈에 효율성 있게 일하는 것으로 비친 사람과 그렇지 않은 사람 사이에 차이점이 있음을 알았다.

- 위험에 직면하고 도전한다.
- 먼저 자원한다.
- 지도를 잘 따른다.
- 확인과 피드백을 통해 오해를 막는다.
- 사안들을 사실성 있고 완전하게 진술한다.

상사의 도움을 받으려면 자신이 먼저 철저히 준비해야 한다. 확신하는 어떤 일에 상사가 결정을 내려주지 않을 때는 다른 옵션들을 제시하는 등의 행위로 그들을 설득하려 해서는 안 된다. 당신의 주장을 뒷받침하는 설득력 있는 자료를 찾아내 주장을 계속하면서 부정할 수 없는 사실로 만들어야 한다. 그들에게 강력한 영향력을 미치는 것은 다름 아닌 진실이다. 그런데 주장을 뒷받침할 만한 자료는 한 조각도 갖추지 않고 제안이 수용되기를 바라는 관리자들이 많다. 그러나 사실이 입증되지 않은 옵션은 제안의 실현가능성에 의문을 제기하도록 만들기 때문에 상사들은 옵션 이상의 것을 요구하는 것이다.

최근에 나는 인력난을 주장하는 성난 간호사들의 요구에 부딪힌 어느 병원의 행정가를 만났다. 그녀는 병원의 핵심비용과 수익에 대해 짤막하게 설명한 뒤 지난 5년에 비해 현재의 직원비율과 서비스 수준에 대해 이야기했다. 그녀는 5년 전보다 병원 자원이 훨씬 풍부하고 기금도 증가했다는 사실을 정확한 자료만 가지고 말했다. 그리고 이어진 대화에서 그녀가 주어진 자원을 더 효과적으로 관리할 수 있다는 사실을 분노한 간호사들이 받아들이도록 만들었다는 것을 알았다.

상사에게서 최선의 것을 이끌어내라

● 시간을 낭비하게 만드는 상사들

자신이 일하는 방식이 다른 사람에게 어떤 영향을 주는지 상사들 스스로 알기는 어렵다. 그보다 관리자들은 상사의 방식에 맞추는 데 더 신경 쓰는 사람이 대부분이다. 관리자 250명을 대상으로 한 설문에서 시간을 낭비하게 만드는 상사들을 향한 가장 커다란 불평들은 다음과 같았다.

1. 사소한 일로 사무실에 들러서 중요한 일을 방해한다.
2. 모든 일을 '당장' 하라고 한다.
3. 회의를 지나치게 오래 한다.
4. 중간에 우선순위를 바꾼다.
5. 이미 다른 사람에게 할당된 일을 맡긴다.

6. 과제를 분명히 제시하지 않는다—지침이나 정보가 완전치 않다.
7. 프로젝트의 시간 계획이 비현실적이다.
8. 권한이 분명치 않다—상사가 모든 일의 결정권을 쥐고 있다.

상사들은 원래 그럴 의도는 전혀 없었음에도 불구하고 자기 부하인 관리자들을 실망시키거나 과로에 지치게 하고 스트레스를 준다. 그들을 비난하고 싶지는 않지만 그들의 습관 가운데는 고치라고 말하고 싶은 것들이 보인다. 부하의 시간을 낭비하는 상사들에게 대처하는 두 가지 전략은, 그들의 행동방식을 직시하는 것과, 그들의 방식에 맞서기 위해 더 나은 방법을 모색하는 것이다.

자기들의 습관이나 특이한 성격이 어떤 문제를 야기하는지 상사들이 정확히 모른다는 사실을 명심하라. 그러나 시간이 낭비되는 중요한 원인들을 분석한 자료를 보여주면 당신이 무슨 말을 하는지 잘 이해할 수 있을 것이다. 무턱대고 습관을 바꾸라고 말하지 말고 지난 2주 동안 쓸데없는 회의나 서류작업으로 얼마나 시간이 낭비되었는지를 기록하라. 그들이 변화에 조금이라도 관심을 보인다면 상황이 개선될 여지는 충분하다.

부하들의 시간을 낭비하는 상사들의 습관에 대처하는 법을 익히는 것도 중요하지만, 그들은 상사이고 관리 방식을 선택하는 것 역시 그들의 몫이다. 시간을 낭비하게 만드는 습관을 파악해서 그 손실을 최소화하는 방법을 찾자. 그들 대신 참석해야 할 회의나 보고해야 할 사안 등 그들이 방해할 만한 일을 미리 생각해두고 한 주가 시작될 때 상사에게 물어본다. 임시회의를 줄이고, 중요한 사안을 제때에 처리해서 위기상황이 생기지 않도록 하기 위한 방법으로 정기회의를 늘리자고 건의하는 것이다.

   대화시간을 자신이 조절할 수 있도록 상사의 사무실에 들러 간단한 대화를 자주 하면 상사의 방해 때문에 낭비되는 시간을 줄일 수 있다.

상사에게서 최선의 것을 이끌어내라

● 참을 수 없는 상사들

관리자들에게는 괴상한 기질이 하나씩 있고 우리는 그것에 잘 대처하는 방법을 터득해야 한다. 그러나 변덕이 너무 심한 관리자라면? J. 에드거 후버(미국의 행정관리. 연방수사국 국장 취임 후 사망 때까지 FBI 국장을 지냈다)를 보필한 사람들은 그의 기질을 절대 무시하지 못했다. 좌회전을 하다가 접촉사고가 난 후부터 그의 운전수는 다시는 좌회전을 할 수 없었다.

관리자로서의 후버는 지킬 수 없는 수많은 규칙과 규율로 주변 사람들을 질리게 만든 별난 독재자였다. 분명하지 않은 명령을 받았더라도 두말없이 행동을 취하지 않으면 경을 치기 일쑤였다. 비서가 작성해온, 모든 현장요원들에게 배포할 지침서를 읽던 중 가장자리의 선이 마음에 들지 않자 그는 '경계선을 두껍게 하라'고 써넣었다. 그 결과 FBI의 모든 요원들은 멕시코와 캐나다 국경에서 비상경계태세에 돌입했다.

크게 성공한 간부 73명을 대상으로 한 심층 설문조사에서 75퍼센트 이상의 사람들이 별난 상사들 밑에서 일한 경험이 있다고 답변했다. 그 가운데 거짓말을 잘하고 약속을 지키지 않아 직원들에게 신뢰를 받지 못하는 '풀밭의 뱀'과 같은 기질이 가장 흔했다. 파악하기는 쉽지만 대처하기 가장 어려운 기질은 '아틸라(Attilas, 5세기 전반에 동양에서 유럽에 침입한 흉노족의 왕, 매우 난폭한 성격으로 힐데브란트의 노래, 니벨룽겐의 노래 등 게르만 신화를 장식하는 대정복자)', 즉 자신이 틀린 판단을 하면 아무 말 없다가 다른 사람이 일을 망치면 심하게 공격하는 성격이었다. 또 부하들의 체면을 사정없이 뭉개버리는 분쇄기형 '힐 그라인더(Heel Grinders)', 모든 것을 다 안다고 생각하는 이기주의자인 '에고티스트(Egotist)', 책임을 회피하고 발뺌을 잘하는 '회피자(Dodger)', 자신이 무엇을 하는지 전혀 모르는 무능력한 '부적격자(Incompetent)', 책에 쓰인 것만 따라하는 '일벌(Detail Drone)', 그리고 '존경받지 못하는 상사'와 '얼간이(Slob, 굼벵이)'형이 있었다.

> 로버트 맥스웰의 철권통치 하에서 1년 이상 버티는 중간관리자들은 별로 없었다. 즉석에서 의사결정을 한다든지, 생각없이 말을 내뱉거나 갑작스럽게 화를 내고, 겁을 줘서 동기유발을 시키는 등 그의 모든 성격이 부하들에게는 스트레스의 원인이었다. 특히 핵심 간부인 피터 하셀은 회사를 떠나며 말했다.
> "언제 비수가 꽂힐지 몰라 두려운 상황을 견딜 수 없었다."
> 한번은 비서가 맥스웰에게 서류를 한 장 내밀자 그가 딱딱거리며 물었다.
> "이게 뭐야?"
> "새 자동차 구매에 대한 승인 요구입니다."

"왜 새 차가 필요하지?"

그가 좀더 목소리를 높이며 물었다. 그리고 말했다.

"우리는 이런 사람 필요 없어. 잘라버리게."

그러나 연구결과에서도 인정되었듯이 어떤 면에서는 최악의 상사라도 다른 면에서는 최고일 때가 있다. 설문에 참가한 어느 관리자는 자신의 정신적 지주를 '강압적이고 변덕스러우며 외고집쟁이'라고 표현했다. 리 아이아코카의 비공식 자서전에서 어느 부하는 '일하면서 그에게서 가장 많이 배웠고 가장 존경한 상사였다'고 그를 표현했다. 상사들에게는 모두 장단점이 있다. 때로는 그들의 단점이 장점보다 더 많이 드러나는 것뿐이다. 우리가 존경해 마지않는 과감한 결단력이 때로는 무자비함과 독단으로 비칠 때가 있다. 그러나 그것은 단지 우리가 마주해야 할 성격의 단면일 뿐, 그 사람의 전부는 아니다.

상사의 태도 때문에 곤란할 때는 흠을 잡거나 분석하기보다 그것에 직접 맞서는 편이 더 생산적이다. 교사로 재직중인 한 친구가 울면서 전화를 해온 적이 있었다. 그녀는 교장의 의도적인 방해로 학생들 앞에서 권위를 잃었다고 불만을 토로했다. 그 교장은 갑자기 교실에 들어와서 수업을 대신하는 습관이 있는 듯했다. 공동교육에 대한 그녀의 확신은 땅에 떨어졌다. 얼마간 토론을 한 후에 우리는 그녀의 분석은 옳지만 확인할 필요가 있다는 결론에 도달했다. 며칠 후에 그녀는 교장과 만날 기회를 얻었고 그 만남을 통해 그가 그녀의 전문성을 높이 평가하고 있음을 발견했다. 그녀는 교장에게 갑작스럽게 교실에 들어오면 수업의 흐름에 방해가 된다고 말했고 교장은 앞으로는 그런 일이 없을 것이라고 약속했지만, 문제는 완전히 사라지지 않았다. 그러나 이 일을 계기로 그녀는 그의 행위가 교육에 대한 열정 때문임을 알았고 그후로는 교장의 습관에 잘 대처할 수 있게 되었다.

상사와의 관계가 만족스럽지 않다면 그들의 장점을 나열해보라. 장점을 자세히 쓰고 상사와 특히 즐거웠던 시간을 돌이켜보라. 그때와 지금 달라진 점은 무엇인가? 생각보다 목록이 길다는 사실에 당신은 놀랄 것이다. 이제 장려하고 싶은 핵심적인 일 두 가지를 찾아내라. 상사가 그 일을 했을 때 어떤 보상을 할 수 있는지 생각해보고 한 주 동안 날마다 상사가 그 일을 할 수 있도록 도울 방법을 찾아라. 그 일은 '고맙다' 또는 '커피나 한잔 할까'라는 말이나, 동료들이 듣는 데서 하는 칭찬처럼 아주 단순한 일일 수도 있다.

상사에게서 최선의 것을 이끌어내라

● 좋은 부하가 되는 기술

관리자들의 일은 대부분 자신을 보좌하고 위험을 감수하도록 격려하는 믿을 수 있는 부하들에 따라 성과가 크게 달라진다. 최근에 관리자 520명을 대상으로 연구한 결과 90퍼센트의 관리자들이 자신에게 가장 큰 영향력을 미치는 사람이 누구인지 알고 있었고, 그 가운데 과반수가 자신의 직속상관이라고 대답했다.

윗사람을 잘 관리하는 일은 자기관리의 핵심이다. 대부분의 관리자들이 직원관리의 중요성은 인식하고 있지만, 이제는 동료와 상급관리자들과의 관계를 제대로 형성해야 관리자로서 성공할 수 있다는 증거가 점점 늘어나고 있다. 다른 사람을 방해꾼으로 생각하면서 좋은 상사와 동료들로부터 얻을 수 있는 것을 부정하는 관리자들은 도움을 받을 수 없고 그의 영향력 또한 점점 줄어든다.

상사의 성격을 바꿀 수는 없지만 그들의 태도를 더 잘 이해하고 다룰 방법은 있다. 무엇보다 상사와 생산적인 시간을 함께 보내야 한다. 상사들은 태어날 때부터 대표나 정신적인 지주들이 아니다. 그들은 듣고 말하고 일을 맡기는 것을 잘하지 못하면서도 자신이 못한다는 것을 느끼지 못할 수 있다. 그렇다면 그들이 자신의 관리능력에 만족하고 부하가 원하는 것을 줄 수 있도록 할 방법을 찾아야 한다. 윗사람과의 관계는 상사를 관리하든지 자신이 관리의 대상이 되든지 두 가지 길밖에 없다.

시간관리를 잘하는 방법

우리 인생에는 다른 사람의 도움 없이 성취할 수 있는 것이 별로 없다. 그들이 가족이든 친구이든, 동료이든 상사이든 상관없다. 상사나 동료의 도움을 받는다는 것은 그들을 고객으로 대우하고 그들을 보필하면서 시간을 투자해 관계를 발전시키는 일을 뜻한다.

그러나 도움을 줘야 할 사람들이 오히려 우리의 일을 방해하고 시간을 허비하게 만들며 우선순위를 바꿔서 일을 더 어렵게 만들기도 한다. 다른 사람들을 통해 어떤 일의 결과를 만드는 것은, 조직의 핵심이 되는 사람들과 효과적인 관계를 발전시키고 그 관계의 부산물을 잘 관리하는 것을 의미한다.

오늘 할 일을 미루는 것은 내일의 문제를 쌓는 것과 같다.
Putting things off today is the way
We store up problems for the future

TIME

Chapter **8**

자신의 우유부단함에 맞서라

'오늘의 일을 내일로 미루지 말라'는 말이 있듯이 우유부단함과 나태한 습관은 당신의 시간을 허비하게 만든다. 우유부단함은 똑같이 좋은 대안이나 똑같이 마음에 들지 않는 것이 있을 때 결국 아무런 선택도 하지 못하는 것이다. <불완전한 신부Imperfect Bride>의 이야기에서 신중한 구혼자는 오랫동안 함께한 여자친구의 단점과 장점을 모두 열거했지만 결국 그 숫자가 똑같음을 발견했다. 청혼을 하고 싶은 장점을 발견할 때마다 똑같은 크기의 단점이 드러난 것이다. 결국 그 여자친구는 다른 사람을 찾기로 다짐먹었다.

Confront your Indecision and Delay

자신의 우유부단함에 맞서라

● 자신의 우유부단함에 맞서라

사람들은 왜 마지막 순간까지 할 일을 미루는 것일까? 앞서도 말했듯, 중압감을 느낄 때 일이 가장 잘 된다는 말은 터무니없는 미신이다. 불안할 때는 일이 잘 되지 않는다. 한 달 동안의 여유가 있었는데 마지막 순간에 병이 나거나 중요한 자료가 없어졌다면 어떤 변명을 하겠는가? 일을 완벽하게 처리하지 못하면 불만족스러워하면서도 시작도 않거나 너무 늦게 시작해서 서툴게 일을 끝내는 사람들이 있다.

마틴은 관리자의 전형적인 모습을 지녔다. 그는 오전 8시 30분에 출근해서 30분 동안 컴퓨터와 음성메일, 이메일을 확인하고 답장을 한다. 그리고 다음 30분 동안 직원들이 남긴 메시지와 질문에 응답한 뒤 커피를 마시고 점심시간 전까지 회의를 한다. 오후에는 항상 비슷한 문제들을 가지고 바쁘게 일하고 오후 6시 30분에 내년 예산안을 가방에 넣고 집으로 향한다. 그러나 예산안을 검토하는 대신 저녁을 배불리 먹은 후에 텔레비전 앞에 놓인 안락의자에 앉는다. 지난

> 2주 동안 계속 미뤄온 과제를 끝내고 싶은 마음은 간절하지만 여력이 없다. 작년처럼 마지막 순간에 가서야 끝낼 것인가?

일을 미루는 이유는 대부분 어려운 과제에서 받는 스트레스 때문이다. 대부분의 스트레스 반응이 그렇듯 일을 미루는 태도도 습관으로 굳어져 고칠 수 없게 된다. 이런 습관이나 우유부단함이 드러나는 과제들은 다음과 같다. 당신에게는 어떤 것들이 해당되는가?

- 보고서나 연설문 쓰기
- 업무평가
- 다루기 어려운 사람과의 만남
- 프로젝트 시작하기
- 최근의 경향을 알고 도입하기
- 예산안이나 세금 등의 보고
- 기사나 자료 읽기
- 서류작업
- 서식작성
- 맡긴 일 재촉하기
- 회의결과 실행하기
- 이메일이나 음성메일에 답하기
- 의사록 작성
- 자료나 보조 요청
- 시간을 뺏는 사람에게 쓴소리하기

모든 사람이 같은 일을 미루는 것은 아니다. 일을 미루는 습관은 과거에 스트레스를 준 경험이 있는 과제에 반응하는 조건반사다. 그리고 다른 나쁜 습관들처럼 그것을 효과적으로 해결할 가능성은 있다. 우유부단함과 일을 미루는 습관을 없애는 방법 여섯 가지(6D)를 제안한다.

→ 지금 하라(Do it)
→ 다른 사람에게 맡겨라(Delegate it)
→ 무시하라(Drop it)
→ 제거하라(Decimate it)
→ 마감을 정하라(Deadline it)
→ 각색하라(Dramatise it)

자 신 의 우 유 부 단 함 에 맞 서 라

● 지금 하라

일을 미루는 습관을 없애려면 즉시 처리해야 한다. 뉴턴의 관성의 법칙이 말해주듯 쉬고 있던 몸은 계속 쉬려고 하고 움직이는 몸은 계속 움직이려는 경향이 있다.

오늘의 우선순위로 삼아라. 우리는 목록에 계속 남아 있거나 오후 늦게까지 미뤄진 과제를 보고 자신에게 일을 미루는 습관이 있음을 깨닫는다. 그렇다면 이 과제를 오늘의 우선순위로 삼고 오늘 해결하기 위해 최선을 다해보자. 그리고 아침 일찍 하도록 계획하면 하루종일 불만족스러운 기분을 느끼지 않아도 된다.

10분을 잘 활용하라. 일을 미루면서 생기는 불만족을 줄이려면 지금 당장 10분 동안 어려운 과제에 매달려보라. 10분 동안 그 과제의 행동계획을 짜거나 과제를 잘게 나눠서 수첩에 기록한다. 며칠 동안 미뤄둔 일을 10분씩 나눠서 처리하는 것만으로도 숲을 볼 수 있는 눈이 생긴다.

자료를 구하라. 어떤 일을 시작할 때 발생하는 장애는, 단연 자료의 부족 때문이다. 보고서를 쓰거나 답신을 띄우고 업무평가를 할 때 자료가 부족하면 시작조차 할 수 없다. 과제에 필요한 자료들을 미리 구해둠으로써, 일을 미루는 습관을 깨뜨리자. 30분 동안 보고서를 읽거나 관련 문서들을 수집하고 사람들에게 전화를 걸어 정보를 요청하며 컴퓨터에 들어 있는 파일을 인쇄해서 자료를 얻자. 정보를 수집하는 일만으로도 불확실하고 어려운 과제를 시작할 힘이 충만해진다.

자신의 우유부단함에 맞서라

● 다른 사람에게 맡겨라

불만족스러운 기분을 없애려면 그 원인이 되는 일을 다른 사람에게 맡겨라. 물론 그 일에 중압감을 덜 느끼고 도전하려는 생각이 있는 사람이어야 한다.

다른 사람과 어려움을 나누라. 하기 싫어서 미루는 일들이 있다면 걱정을 다른 사람과 나누자. 예를 들어 '의사록을 작성하는 일은 정말 싫다'거나 '그 회의에서 프레젠테이션을 하는 것이 정말로 불편'할 때 그 기분을 다른 사람에게 말해보라. 걱정을 나누면 불안이 줄어드는 것은 물론, 그 일을 덜 성가시다고 느끼거나 오히려 즐기는 사람이 당신을 도와주겠다고 나설 수도 있다.

다른 사람을 신뢰하라. 때로는 부하들에게 일을 맡기는 것이 내키지 않을 때가 있다. 그것은 그들의 의욕을 신뢰하지 않고 능력이 없다고 생각하기 때문이다. 그러나 능력이 크게 발전하는 계기는 스스로 책임을 지고 어떤 일을 해냈을 때이다. 사람들은 상사의 신뢰를 얻었을 때 가장 커다란 능력을 발휘한다. 패튼 장군(General Patton, 2차대전 중 독일 싸움에서 혁혁한 전공을 세운 호전적 기질의 장군)은 말했다.

"부하들에게 어떻게 하라고 말하지 말고 무엇을 할 것인지만 말하라. 그러면 놀라운 결과가 나타날 것이다."

다른 사람의 잔소리를 들어라. 어려운 과제를 남에게 몽땅 맡기는 대신 과제의 진행상황을 점검해달라고 부탁하자. 보고서를 작성하거나 프로젝트를 준비하고 담배를 끊거나 살을 뺄 때 가장 좋은 방법은 그 목표를 다른 사람에게 알려 그 사람의 감시를 받는 일이다. 이 책을 쓰는 동안에도 나는 친구들의 도움을 받았다. 그들은 '책은 어떻게 돼가고 있나?', '몇 장까지 끝냈나?' 혹은 '언제 끝나는가?'라고 자주 물어왔다.

자신의 우유부단함에 맞서라

● 무시하라

어려운 과제의 진행을 막는 것은 일을 미루는 습관 때문이 아니라 그 일을 할 힘이 부족하기 때문일 수도 있다. 일을 시작하기 어려운 이유가 마감시간이나 행동에 돌입하도록 만드는 위기감이 없기 때문일 수도 있다. 그래서 일을 시작할 힘이 생기기를 바라면서 하루하루 미루는 것이다.

목록에서 빼버려라. 처리할 여력도 없으면서 목록에만 올려놓은 과제들이 있다. 어떤 과제가 '할 일 목록'에 계속해서 올라 있다면 그것을 빼버리는 일도 한 가지 방법이다. 중요한 일이라면 언젠가 에너지가 생길 때 목록에 다시 오를 것이다. 할 필요가 전혀 없거나 지금 당장 하지 않아도 되는 일이 분명 있다.

나중에 할 수 있도록 계획하라. 하고 싶지만 지금 당장은 시간이나 힘이 없어서 할 수 없는 과제가 있다면 나중에 할 수 있도록 시간을 계획한다. 앞으로 2주 동안 어려운 일들이 쌓여 있다면 그 과제는 좀 한가한 시간에 시작할 수 있도록 수첩에 기록해둔다. 그렇지 않으면 이 일도 불안한 마음이 드는 또 다른 이유가 된다.

걱정거리 목록을 만들라. 때로는 걱정거리를 종이에 적는 일만으로도 걱정이 훨씬 줄어든다. 계속 미뤄온 일들을 종이에 적고 그것을 벽에 붙여놓으면 때때로 확인할 수 있어서 좋다. 걱정거리 목록을 주기적으로 만들어 지난달에 걱정했던 일들이 처리되었는지를 살핀다. 또 이런 일이 없더라도 다른 걱정거리가 생겼을 거라는 생각으로 자신을 위로한다.

> 자신의 우유부단함에 맞서라

● 제거하라

어떤 일들은 너무 크고 오래 걸려서 시작하고 끝내기가 어렵기 때문에 자꾸만 미루게 된다. 불확실하고 모호한 프로젝트들은 시작하기 쉽지 않고, 진행이 느리거나 끝이 보이지 않는 일들은 그 과정에서 엄청난 에너지가 소모된다.

코끼리를 작은 덩어리로 나누라. 큰 과제들은 너무 많은 시간이 필요하기 때문에 관리하기가 어렵다. 이럴 때는 잘게 나눠야 한다. 이미 여러 과제들로 나뉜 후라도 시작하기 쉽게 더 작은 덩어리로 나누자.

> 팀의 관리자인 존은 다음 회의에 발표할 관리 전략을 구상하기 위해 또 다른 작은 부서를 만들었다. 그는 이 일이 이틀 정도 걸린다는 사실을 알았다. 비록 다음 회의가 앞으로 열흘이나 남았지만 몇 주 동안 미뤄온 일이었다. 그는 이 일을 작게 나눠 내일 해야 할 세 가지 작은 과제를 선택하는 것으로, 드디어 일을 시작할 계기를 만들었다. 또 그는 하루 네 번에 걸쳐 한 시간씩 할애해서 보다 큰 덩어리의 일을 마쳤다. 이틀이 지나자 그는 비로소 안심할 수 있었고, 도전하고 싶은 의욕이 더 생겼다.

과제를 작게 나누면 더 쉽게 행동으로 옮길 수 있다. 또 작은 성취감을 여러 번 느낄 수도 있다. 짧은 기간에 거두는 성공은 더 어렵고 큰 과제에 도전하는 에너지를 만들어준다.

시간을 재라. 커다란 과제를 시작하는 한 방법은 그것을 시간에 따라 나눠서 처리하는 것이다. 작가인 제임스 서버(James Thurber, 『서버 카니발』, 『현대 이솝이야기』 등의 작품이 있다)가 펜을 들기 어려워할 때면, 그의 아내 알시아는 알람시계를 45분마다 울리도록 맞춰놓고 그 시간 동안 무엇이라도 쓰게끔 격려했다. 그는 그대로 했고 작가들에게 흔히 발생하는 슬럼프는 금방 극복되었다. 일정한 시간을 할애하면 대부분의 일은 해결되기 마련이다.

표 8.1 : 시간계획표

계속 피해온 중요한 과제가 있다면 마감시간에 맞춰 주마다 할애할 시간을 정하라. 한 시간마다 달성할 목표를 정하고 시간을 채울 때마다 그것을 기록하라.

목표 : 앞으로 6주 동안 일주일에 여섯 시간을 XYZ프로젝트에 할애한다

주	1	2	3	4	5	6
시간	V	V	V	V	V	V
	V	V	V	V	V	V
	V	V	V	V	V	V
	V	V	V	V	V	V
		V	V	V	V	V
			V	V	V	
			V		V	
			V		V	
계	4	5	8	6	8	5

계속 미뤄진 일은 가장 활력 있는 시간에 하도록 계획하라. 일반적으로 가장 에너지가 충만한 시간은 오전이다. 관리자들의 85퍼센트는 그 시간을 오전 8시에서 11시 사이라고 말한다. 미뤄온 일을 오전에 처리하면 일찍부터 작은 성공의 기쁨을 맛볼 수 있고, 에너지가 충만한 시간에 어려운 일을 할 수 있다. 힘든 일을 오후로 미루거나 집으로 가져가면 스트레스만 더 쌓일 뿐이다.

지난 몇 주 동안 미뤄온 과제들을 열거하라. 예산안이 될 수도 있고 보고서를 작성하거나 어려운 사안을 처리하는 일이 될 수도 있다. 에너지가 충만한 때를 골라 한두 시간을 할애할 수 있도록 계획하자. 활력이 넘칠 때 일을 한다고 해서 성공이 보장되지는 않지만 최소한 가장 정신이 맑은 시간을 택해 최선을 다해볼 수는 있다. 아주 중요한 과제를 한두 시간 집중해서 처리하면 훨씬 결과가 좋다는 사실을 알 수 있다.

자신의 우유부단함에 맞서라

● 마감을 정하라

프로젝트가 어려워지는 이유는 대부분 진행과정에서 에너지가 약해지기 때문이다. 성공한 운동선수나 작가, 기업가들은 단지 조금 더 버텼을 뿐이다.

중간 마감을 이용하라. 프로젝트의 마감일을 정하면 목표가 생겨서 좋지만 지금 당장 에너지를 얻기에는 너무 먼 미래일 때가 많다. 행동을 자극하는 절박한 시간이 될 때까지 기다리는 사람이 많기 때문이다. 마감까지 남은 기간을 나눠서 프로젝트의 한 부분마다 중간마감을 정하면 힘을 얻는 데 도움이 된다.

중요한 프로젝트가 늦어지는 이유는 날마다 조금씩 미뤄지기 때문이다. – 톰 피터스

마감시간을 잊지 않으려면 수첩에 적거나 달력에 표시한다. 그리고 중간 마감을 이용하면 지금의 단계를 끝내지 못해도 다음 단계로 이동할 수 있다. 완벽을 추구하면 프로젝트는 표류하기 쉽다. 성에 차지 않더라도 다음 단계로 넘어가면 성공의 기쁨도 얻고 불완전하게 끝낸 일들을 다시 수정할 시간도 생긴다.

> 몇 년 전에 연구 과제를 맡았을 때 내 담당교수는 600킬로미터나 떨어진 어느 대학에 계셨다. 그곳까지 가려면 비행기를 타고 기차를 두 번 갈아탄 후 택시를 타야 했다. 나는 이런 여행을 6주마다 한 번씩 했다. 그래서 한 번 방문할 때마다 비용과 시간이 아깝지 않도록 오랜 시간 열심히 연구했다. 거리가 가까웠다면 우리는 더 자주 만났을 수는 있었겠지만, 연구결과는 6주마다 정해진 마감시간 덕분이 지금 만들어진 것에 미치지 못했을지도 모른다.

작은 이벤트를 통해 과제를 모니터하라. 프로젝트를 작은 과제로 나눠 그 진행상황을 점검할 수 있다면 지지부진한 상황을 극복할 수 있다. 동료들에게 진행상황을 간단히 발표하거나 자신에게 짧은 휴가를 상으로 주고, 한 단계를 시간 안에 마무리한 대가로 직원이나 배우자에게 선물을 하는 등 작은 이벤트를 여는 것도 좋은 방법이다.

자신의 우유부단함에 맞서라

● 각색하라

어떤 과제들은 지루하거나 너무 일상적이어서 또는 끝이 보이지 않아서 오랫동안 미뤄진다. 이러한 일에 필요한 힘을 얻으려면 더 재미있게 만들어야 한다.

지루한 일은 나눠서 하라. 급하지도 중요하지도 않지만 꼭 해야 할 일들이 있다. 그러나 지루하다는 이유로 서류작업을 미루고 파일을 책상 가득 쌓아놓을 때가 많다. 이런 일은 결국 많은 시간을 들여야 하는 과제로 변한다.

일상적이거나 지루한 일은 30분 분량으로 나눠서 하면 좋다. 이번 주에는 서류로 가득 찬 책상을 깨끗이 하는 데 30분씩 두 번, 오후 시간을 할애하자. 파일은 한 달에 두 시간을 계획하여 몇 주 분량을 한꺼번에 정리하자. 서류는 급한 것, 중요한 것, 일상적인 것 등 세 가지로 분류한다. 일상적인 서류는 이따금씩 읽어 필요한 일을 처리하고는 대체로 폐기하는 것이 좋다. 중요한 서류작업은 미래의 어떤 시간에 할 수 있게 계획하고 급한 일들은 오늘의 '할 일 목록'에 넣는다.

지루한 과제를 게임으로 만들라. 게임이 재미있는 이유는 도전적 요소가 있기 때문이다. 집안일을 너무 싫어하는 한 여성이 하루는 집을 점검하면서 주의가 필요한 곳에 포스트잇을 붙였다. 한 과제를 끝낼 때마다 메모지를 떼고 그것을 주방 벽에 붙였다. 그리고 오전 11시까지 얼마나 많은 메모지를 모을 수 있는지를 도전과제로 삼았다. 어느 성공한 여성 간부도 사무실에 차트를 걸어놓고 그날 마쳐야 할 일을 적은 포스트잇을 왼쪽에 붙였다. 그리고 일을 끝낼 때마다 그것을 오른쪽에 옮겨 붙여서 자신과 다른 사람들이 볼 수 있도록 했다.

> 한번은 주차장에서 주차 완충시설을 고치는 일꾼 두 사람을 보았다. 완충기는, 두 개의 금속 대못을 이용해 짧은 돌덩이를 아스팔트 응고재에 단단하게 고정하도록 되어 있었다. 두 일꾼은 대못을 땅에 내리치는 지루한 작업을 리듬에 맞춰 게임처럼 재밌게 하고 있었다. 단언컨대, 신사들의 노름보다 훨씬 나은 결과가 나왔을 것이다.

미루고 싶은 일을 재미있게 만들어라. 어떤 일은 가볍게 생각하면 처리하기가 더 쉽다. 일상적인 회의를 재미있게 하고 싶다면 장소를 자주 바꿔보자. 식당이나 야외로 나가거나 서서 하는 방식도 좋다. 때로는 호텔에서 회의를 하면 시야를 넓히는 데 도움이 된다. 함께 운동을 하거나 팀별로 도전과제를 주는 방법도 있다.

관리활동에서 가장 미뤄지기 쉬운 일은 계획이다. 응급상황이 발생하면 뒷전으로 밀리기 일쑤며 결국 근무시간이 지나서야 계획할 시간이 생긴다. 계획할 시간을 만들려면 그 일을 재미있게 만들어야 한다. 한 달에 하루 정도 오전에 집에 머물면서 결과를 점검하고 다음 기간의 계획을 세운다. 미래에 대한 그림을 그리거나 동료들 몇 사람과 브레인스토밍을 하거나 산책을 하는 등 창의적인 접근방법을 모색한다. 보고서나 기사를 읽을 시간이 필요하다면 공원이나 호텔 로비에서 해보라. 업무평가는 기차에서, 계획회의는 카페에서 하고, 경쟁을 통해 서비스나 배달시스템 향상을 위한 아이디어를 얻자.

관리자로서 성취하려는 것을 얻는 과정에서 여러 가지 도움을 얻겠지만, 그 가운데 가장 중요한 요소는 바로 자신이다. 과로나 불만을 해결해주는 습관도 있지만 단지 중압감과 불만족을 더하는 습관들도 있다. 일을 미루거나 잠을 자면서 일을 생각하는 습관이 좋을 때도 있지만 그것이 일에 방해가 된다면 보다 생산적인 방법으로 나쁜 습관을 대체할 방법을 찾아야 한다. 일을 미루는 습관은 시간을 앗아가는 도둑이다.

시간관리를 잘하는 방법

일을 미루는 습관은 시간을 앗아가기도 하지만 중요하고 어려운 일을 회피하게 만든다. 일을 미루거나 우유부단해서 해야 할 일을 못한다면 앞서 제시한 여섯 가지 전략을 써보자. 지금 하라. 다른 사람에게 맡겨라. 무시하라. 제거하라. 마감을 정하라. 각색하라.

하고 싶은 일이 있는데 한동안 미뤄왔다면 작은 일부터 시작해서 나태학의 사슬을 끊어버리자. 또 그 일을 오늘의 최우선순위로 놓고 에너지가 가장 충만한 시간에 배치하거나 보다 쉬운 작은 일들로 나누자. 일을 미루지 말고, 일부분이라도 지금 시작하라.

시간낭비의 원인을 방치하면 목표를 놓친다.
By coluding in daily time wasters and distractions
We avoid the results we are trying to achieve

TIME

Chapter 9

방해를 최소화하라

시간관리는 결국 선택의 문제이며 진정한 도전과제에 초점을 맞추기 위한 일이지만 관리자들이 하루 동안 목표를 추구하는 데 방해되는 것들은 아주 많다. 다른 사람에게 맡겨야 될 일이나 자꾸만 미루는 일을 제외하고도 관리자들은 자신들의 시간을 낭비하게끔 만드는 일을 많이 만난다. 그 일은 평균 7분마다 찾아오며, 근무 시간의 약 20~30퍼센트를 차지한다. 대략 일주일 가운데 하루인 것이다.

Minimise the Daily Distractions

방해를 최소화하라

● 시간을 낭비하게 만드는 열 가지(1위부터)
- 전화
- '아니오'라고 말하기
- 날마다 생기는 위기상황
- 다른 사람들 찾아다니기
- 약속 없이 찾아오는 방문객
- 개인적인 정리정돈의 실패
- 사람들이 너무 쉽게 다가오는 점
- 서류작업과 통신
- 임시 혹은 정규회의

이런 방해물들 때문에 계속해서 계획에 차질이 빚어지면 결국 중요한 일은 시작도 할 수 없다.

방해를 최소화하라

● 휩쓸리지 말고 이겨내라

시간낭비의 원인이 되는 일의 특성을 잘 살펴보면 그것을 인식하는 데 도움이 된다.

1. 전화나 방문 같은 시간낭비의 원인들은 일과 관련되어 있기 때문에 한꺼번에 없앨 수 없다. 그러나 이런 지속적인 방해요인들을 잘 관리해서 그것이 주는 영향을 최소화해야 한다.
2. 우능한 관리자들도 시간낭비 원인들의 유혹에는 쉽게 넘어간다. 이들은 끊임없이 전화벨이 울리고 작은 위기상황이 출몰하는 환경에서 살고 있으므로, 그것이 없으면 오히려 허전해 할지도 모른다. 솔직히 말하면 하루종일 전화벨 한 번 울리지 않고 방문객도 없다면 얼마나 지루할 것인가?
3. 관리자들은 시간낭비의 유혹에 넘어갈 뿐만 아니라 그것을

부추기기도 한다. 꼭 해야 할 중요한 과제를 피하기 위해서이다. 책상에 놓인 일이 하기 싫어서 다른 사람의 책상 주변을 그냥 서성인 적이 많지 않은가? 어려운 일을 피하려고 '할 일 목록'에 있는 쉬운 일들만 골라서 한 적은 없었는가?

4. 관리자들은 시간낭비의 원인을 다른 사람에게 돌려버린다. '귀인이론(歸因理論)'에 따르면, 실패는 남의 탓이고 성공하면 자신의 덕으로 돌리는 것이 인간의 속성이다. 전화 때문에 방해가 된다고 불평하면서도 어디든지 휴대전화를 들고 가고, 벨이 울리면 즉시 받으며, 작은 구실만 있어도 다른 사람에게 전화를 부탁하는 관리자들이 부지기수다. 방문객이 많다고 불평하면서도 사무실 문은 항상 열어놓고, 푹신한 손님용 의자를 준비하며, 간단한 일로 방문하는 사람들을 반긴다는 몸짓을 하기도 한다.

물론 시간낭비의 원인들 가운데는 정말로 일의 특성상 어쩔 수 없거나 그 직종의 문화인 것도 있다. 그러나 불규칙하게 발생하는 방해 상황에 대처하거나 사소한 사안을 처리하는 데 시간을 보낸다면 관리자로서 추구해야 할 목표에서 멀어지는 것은 자명하다. 시간낭비의 원인이 다른 사람에게 있다 해도 그 유혹에 넘어간 자신의 책임은 인정해야 한다. 그리고 그 영향을 최소화하는 일에 본격적으로 나서야 한다.

방해를 최소화하라

● 고질적인 시간낭비의 원인들

오랜 시간 일을 하거나 일을 집으로 가져가는 등 시간을 낭비하는 습관은 웬만해선 깨뜨리기가 어렵다. 오랫동안 길들여진 고질적인 습관이기 때문이다. 그리고 관리자들 대부분은 이런 습관을 깨기 위해 일반적인 방법들을 시도했고 효과가 없음도 알고 있다. 이미 실패한 치료책으로 시간을 낭비하지 말고 보다 창조적인 방법을 찾아보아야 한다.

고질적인 시간낭비의 원인에 대한 창조적인 해결책을 얻는 방법으로는 브레인스토밍이 좋다. 여기에는 세 가지 간단한 법칙이 있다.

1. 5분 동안 시간낭비를 해결하는 창조적인 방법을 생각나는 대로 모두 나열한다. 실용적인 방법들 외에 전혀 가능성이 없어보이는 방법도 모두 포함한다(회의나 서류작업처럼 공동

의 시간을 낭비하게 만드는 일에 대해 여러 사람이 모여 생각한다. 한 사람보다 두세 사람의 머리가 모이면 훨씬 창조적인 결과가 나온다).

2. 목록을 수정하지 않는다. 아무리 어리석은 생각이라도 모두 적는다.

3. 이제 '가장 실용적인 아이디어'와 '가장 허무맹랑한 아이디어'를 뽑는다. 실용적인 생각의 성공가능성이 높아보여도 허무맹랑한 생각이 더 나은 해결책의 기초가 될 때도 있다. 최근에 한 브레인스토밍에서 방해전화에 대처하는 방법으로 전화기를 물통에 넣어버리자는 이야기가 나왔다. 이 황당한 제안은 하루에 한 시간씩 전화코드를 뽑아놓거나, 해야 할 일이 있을 때는 전화기 옆을 피하거나 모든 사람이 돌아가며 전화를 받자는 의견으로 이어졌다.

고질적인 시간낭비를 해결하려는 창조적인 아이디어는 그 수준도 다양하다. IBM의 CEO 프랭크 캐리는 모든 제안서를 종이 한 장 분량으로 작성하라는 명령을 내려 회의시간을 크게 줄였다. 일주일에 이틀은 외근을 하는 어느 작은 회사의 선임 관리자는 문제가 생기면 직원들이 그 내용을 적어 자신의 책상에 쌓아둔다는 것을 알았다. 그는 사무실에서 자신의 책상을 치워 종이를 쌓을 곳이 없도록 만들었다. 그 효과는 아주 커서 그는 종이 없는 사무실을 처음으로 탄생시켰다. 규칙은 사무실에 한 번 들어온 종이는 반드시 다시 나가야 한다는 것이었다.

> 전선 위에 얼음이 맺히는 문제는 엄청난 수리비용이 필요하고 고객서비스의 질에 심각한 영향을 미쳤다. 북아메리카 전력회사는 브레인스토밍을 통해서 그 해결책을 얻었다. 그 가운데 전선에 꿀을 바르자는 황당한 제안이 있었다. 배가 고픈 곰들이 철탑을 건드리면 얼음이 떨어질 것이라는 아이디어였다. 이 '곰 유인책'은 헬리콥터의 바람으로 전선을 흔들어 얼음을 제거하자는 의견으로 이어졌다. 이렇게 간단한 방법으로 회사는 한 해어 수천 달러의 수리비용을 절약할 수 있었다.

시간낭비의 해결책을 검토할 때 '잘 안 될 것이다'나 '나는 할 수 없다'는 등의 말로 창조적인 의견을 무시하지 않도록 조심해야 한다. 창의적인 아이디어를 죽이는 일은 향상될 가능성을 부인하는 것과 일맥상통한다. 보험회사들은 전화영업이라는 아이디어가 나오기 전까지 고객들에게 긴 신청양식을 작성하게 했다. 컴퓨터 본체를 생산하는 회사들은 처음에 '개인용 컴퓨터' 생산을 미친 생각이라고 여겼었다.

방 해 를 최 소 화 하 라

● 창조적인 해결책

시간낭비의 원인을 없애는 손쉬운 방법들 외에 좀더 창조적인 해결책들도 있다.

전화기에서 멀어져라

우리의 하루를 가장 크게 방해하는 것은 전화임에 틀림없다. 계속 울려대는 전화벨 소리와 새로운 일에 대한 궁금증 때문에 사람들은 대부분 중요한 일을 하다가도 전화를 받는다. 은행이나 항공사 직원들은 아무리 많은 고객들이 아무리 오래 기다려도 전화를 우선으로 받는다. 심각한 회의가 진행되다가도 누군가가 전화를 받으러 황급히 자리를 뜨면 모든 일이 중단되고 만다. 최근의 한 TV쇼에서는 게스트가 어머니에게서 온 전화를 받느라 인터뷰를 멈춘 일도 있었다.

전화의 침략을 줄이는 한 방법으로 2~3일 동안 통화내용과 시간을 기록해보는 것이 있다. 분석해보면 다른 사람에게 가야 했거나 짧게 끊었어야 할 때가 대부분일 것이다. 누구의 방해도 받지 않는 '조용한 시간'을 갖는 것도 한 방법이다. 같은 맥락에서 많은 회사들이 캐주얼 복장으로 출근하는 날을 정하고 있다. 전화가 울리지 않는 아침이나 모든 내부전화가 통제되고 외부전화는 자동응답 장치가 받는 시간을 정할 수도 있다. 다른 사람들이 음성메일을 보내올 시간에 필요한 전화연락을 시작하라. 그러면 사람들이 그 의미를 깨닫고 통화시간을 줄일 것이다. 전화에는 20/80 원칙을 사용하라. 어떤 사람의 전화와 메시지를 받고 싶은지 결정하라. 마지막으로 방해를 막을 수 없으면 숨어라. 무엇을 생각하거나 계획할 일이 있을 때는 다른 사람의 사무실에서 하고, 보고서를 작성하거나 책을 읽을 시간이 필요하면 한 달에 하루를 집에서 일하는 날로 정하라.

진심으로 '아니오'라고 말하라

사람들은 왜 '예'라고 대답하고 나중에 후회할까? 그것은 '아니오'라고 말한 죄책감에서 벗어나기 위해서다. 비록 그것이 우리의 일을 크게 방해하는 일이라도 말이다. 또 미래의 일에 대해서는 '아니오'라고 말하기 어렵기 때문이기도 하다. 다음 달에 누군가 당신을 만나고 싶다고 하면 지금 당장 만나자고 할 때보다는 '좋습니다'라고 말할 가능성이 높다.

실용적인 측면에서 살펴보자. 만일 자신에게 허락된 시간 동안 어떤 일을 하고 싶은지 분명히 안다면 '아니오'라고 말하기가 훨씬 쉬워진다. 장기적인 우선순위에 정확히 초점을 맞추고 중요한 일의 스케줄을 잘 계획했다면 다른 일로 시간을 빼앗기는 일이 줄어든다. 또 상대와 눈을 맞추고 몸짓을 섞어가며 '죄송하지만 이 일을 오후 네 시까지 끝내야 합니다'라고 정확히 말하면 거절의 의미를 보다 분명히 전달할 수 있다.

'아니오'라고 말하고 싶은 일들을 적고 그 성공 여부를 기록하자. 요청을 허락하기 전에 하룻밤의 시간을 갖자. 휴식을 하고 나면 시간을 낭비할 뻔했던 일에 대해 거절해야겠다는 생각이 쉽게 든다. 시간 관리를 철저히 하는 사람을 모델로 정하고 그의 습관을 익히자. 당신에게 문제를 전가하는 사람에게는 반대로 당신 자신의 문제를 맡기고 결과를 재촉하는 방법으로 압력을 가해보자. 그리고 '아니오'라고 말한 자신에게 미술관 기행이나 새 신발을 구입하는 등의 파격적인 보상을 하자. 아니면 그저 사람들에게 대답을 제때 해주지 않거나 아예 하지 말자. 녹록치 않은 사람이라는 평판을 쌓는 것도 한 방법이다.

날마다 일어나는 위기상황을 줄여라

날마다 발생하는 위기는 사장이나 직원, 동료, 고객을 포함한 다양한 사람들이 원인이 되는 사소한 문제들로부터 생긴다. 게다가 대부분 전혀 새로운 일이 아니다. 그러므로 이러한 일들을 처리할 절차를 만들거나 다른 사람에게 맡겨도 된다. 비행기 안이나 테마파크에서 발생하는 사소한 위기상황은 대부분 하급관리가 처리한다. 직원들이 책임지고 위기를 해결하는 모습을 기쁘게 지켜보고 계속 노력할 수 있도록 그들에게 보상하라.

또 위기가 발생했을 때 사장이 당신의 부하에게 해결하라고 지시하면 사장에게도 보상하라. "짐이야말로 이 분야의 진정한 전문가입니다." 그리고 문제가 당신에게 떨어지면 "왜 내가 맡아야 합니까?"라고 항상 질문해야 한다. 어떤 일에든지 반응하기 전에 그것이 급한 일인지, 다른 사람이 할 수 있는 일인지를 고려한다. 대부분의 위기상황은 그리 절대적이지 않으며 여러 사람이 해결할 수 있는 것들이다. 처리할 사람이 당신뿐이라면 다음에는 다르게 처리할 수 있는 기회로 삼아라. 다른 사람을 훈련시키거나 앞으로 문제가 될 일들을 모니터하는 등의 방법이 그것이다.

재촉하는 방법을 연구하라

다른 사람에게 일을 맡긴 후 마감시간에 맞춰 결과를 이끌어내기 위해 그들을 쫓아다니는 데 시간을 많이 소비하는 상황도 있다. 관리자들은 급한 일을 혼자 처리하느라 문제를 만들기도 하고 두 번 이상 재촉하기 전까지는 급한 일이 아니라는 인식을 부하들에게 심어줄 때가 많다.

사람들이 마감시간을 엄수하도록 하는 좋은 방법에는, 만날 때마다 재촉하거나 대답을 들을 때까지 그들의 사무실에서 기다리거나 또는 재촉하는 일을 아예 다른 사람에게 맡겨버리는 방법 등이 있다.

유나이티드 아티스트에 있을 때 앨런 래드 주니어는 상담 전문가를 다시 고용하고 싶었다. 그는 인사문제에서 난항을 겪으며 사장이 결정을 내려주기를 바랐지만 소용이 없었다. 2주 동안 출장을 떠나기 전에 그는 비서에게 모두 같은 요구가 담긴 열네 장의 메모를 날마다 한 장씩 사장에게 보내라고 지시했다. "아직 결정하지 못하셨습니까?" 출장이 끝날 무렵에 그는 긍정적인 답변을 얻었다.

반대로 마감시간을 잘 지킨 사람들을 칭찬하거나, 마감을 가장 잘 어기는 사람에게 재촉하기를 그만두고 위기가 발생하도록 방치해두어 당신이 항상 그들을 따라다니지는 않을 것임을 깨닫게 하는 것도 좋은 방법이다.

잦은 방문을 금하라

책상 위에 중요한 일이 없는 한 사소한 일로 찾아오거나 너무 자주 찾아와 당신의 시간을 빼앗는 사람들은 문제되지 않는다. 그런데 그들을 거절하기보다는 오히려 문을 열고 환영할 때가 많다. 그래서 늦은 시간까지 일을 끝내지 못하는 것이다.

'그게 다입니까?' 또는 '다른 문제는 없습니까?' 등의 대화를 끝내는 말을 사용해보자. 효과가 없다면 더 확실한 방법을 써보자. '점심시간까지 이 일을 끝내야 합니다'라고 말하거나 그 사람을 앉혀둔 채 사무실에서 나와버린다. 이렇게 계속 방해하는 사람이 사장이라면 주마다 정기적으로 회의를 하거나 당신이 정한 시간에 보고를 하는 방법도 있다. 또 묻기 전에 미리 알린다. 그들에게는 자신이 같긴 일이 잘 되고 있는지 아니면 문제에 부딪혔는지 알 권리가 있다. 사장이 맡긴 프로젝트를 진행하고 있다면 주기적으로 보고를 해서 일이 계획대로 진행되고 있는지를 알게 하여 다른 사람이 물었을 때 당황하는 일이 없도록 한다.

부하들이 방해를 많이 한다면 그것을 근절하는 정책을 세운다. 그들에게 해결책을 제시해주기보다는 스스로 생각하도록 해야 계속 의지하지 않는다. 문제를 종이에 기록하게 하거나 그들이 어떤 결정을 내리든 지지한다는 확신을 갖게 하라. 그리고 문제는 스스로 해결해야 한다는 사실을 계속 주지시켜라. 또 규칙적으로 회의를 해서 다음 날 아침까지 문제를 방치해두는 일은 없도록 한다.

하루에 몇 시간을 정해서 문을 닫고 일하자. 사람들이 찾기 어려운 곳으로 피하거나 '방해하지 마시오'라는 푯말을 문에 걸어둔다. 이때 부드러운 표현을 쓰면 안 된다. 찾아온 사람 스스로 자신의 문제가 중요한지 아닌지를 결정하게 만들기 때문이다.

방해를 최소화하라

● 사소한 일을 파악하는 능력을 길러라

시간낭비의 원인들은 거의 일과 관련 있으므로 제어하기 어렵다. 그러나 조직 속에서 일하는 데는 방해가 되는 원인들 때문에 그것에 휩쓸리는 관리자들 사이에 불협화음이 생긴다. 때로는 일을 피하는 기술로 이용되어 시작하기 꺼려지는 일들에서 편리하게 도망치기도 한다.

시간낭비의 원인들을 관리한다는 뜻은 모든 방해요소를 제거하는 것이 아니라 최소화한다는 의미다. 어쩔 수 없이 전화를 받아야 하거나 모든 일을 제쳐두고 위기상황을 해결해야 할 때가 있다. 그러나 이런 사소한 일들 때문에 자신이 추구하는 일이 계속 방해받는다면 그것을 제어할 방법을 찾아야 한다.

다음의 접근방법들로 시간을 낭비하는 습관을 없애자.

1. **중요한 일에 계속 집중하자.** 하루나 일주일의 우선순위가 있고 그 일을 위해 시간을 만든다면 시간을 낭비하는 습관에서 벗어나기가 훨씬 쉽다.

2. **시간을 낭비하게 하는 최대의 원인을 파악하자.** 일의 리듬을 깨는 원인이나 시간만 많이 들고 효과가 적은 과제들은 무엇인지 알아내자. 한 가지 과제가 여러 문제를 일으킨다면 그것이 방해하는 횟수와 시간, 그 영향을 기록해서 자료로 삼는다. 낭비하는 시간을 줄이는 목표를 세우고 행동계획을 수립한다.

3. **나쁜 습관을 좋은 습관으로 바꾸자.** 일주일이나 한 달을 주기로 직원들과 일대일 대화를 해서 작은 위기상황이나 방해가 일어나는 횟수를 줄이자. 중요한 과제를 하다가도 전화가 걸려오거나 방해꾼이 나타나면 같이 휩쓸리는 습관을 버리자. 또 그런 정도의 일은 전화기에서 멀리 떨어진 곳이나 점심시간에 하는 습관을 들이자. 하루 가운데 조용히 보낼 시간을 정하고 그때는 전화를 응답기로 받거나 언제 전화를 받을 수 있는지 음성메시지를 남겨놓는다.

4. **시간낭비를 줄이는 창조적인 방법을 찾자.** 이미 시도한 방법이 효과가 없다면 모든 습관은 고치기 힘들다는 사실에 바탕을 두고 좀더 창조적인 시도를 해야 한다. 요즘은 의자가 없는 회의실, 한 페이지 메모, 조용한 시간 갖기 그리고 캐주얼한 복장으로 출근하는 날 등의 색다른 접근법을 시도하는 회사들이 많다. 관리자들에게는 이렇게 색다른 방법들이 보다 도움이 된다.

방해의 원인들을 관리하는 것은 당신이 효과적으로 일할 수 없게 하는 모든 것들을 제거한다는 뜻이 아니다. 어떤 것은 있는 그대로 두고 반성의 기회로 삼거나 일상에서 벗어난 휴식 혹은 동료와 친분을 쌓는 계기로 삼을 수 있다. 그러나 시간을 앗아가는 원인을 통제하려면 그 효과를 최소화할 수 있는 방법이 전혀 없다는 생각을 바꿔야 한다. 시간낭비의 원인에는 우리가 선택할 수 있는 것들이 있다. 사람들을 향해 항상 문을 열어놓는 일, 일을 미루는 습관, 비현실적으로 마감을 정하는 일 그리고 지나가다 들르는 사람들을 반기는 일 등이다.
　시간낭비의 원인을 관리하는 것은, 중요한 일을 정말 잘하고 싶다면 사람들에게 무정하게 대하는 방법도 배워야 한다는 뜻이다. 좀더 책임감을 갖고 자신을 흔드는 일들에 통제력을 발휘하자.

시간관리를 잘하는 방법

시간낭비의 원인은 대부분 일과 관련되어 있어서 한번에 제거할 수 없다. 그러나 그것을 최소화하는 법을 찾지 못하면 중요한 일이 영향을 받기 쉽다. 전화나 이메일처럼 일상적으로 우리의 시간을 앗아가는 원인들은 이미 익숙해져서 없어지면 허전하게 느껴진다는 테에 그 관리의 어려움이 있다. 그리고 흡연이나 과식 습관처럼 시간낭비의 원인들 대부분은, 이미 일반적인 치료법들을 시도했지만 모두 실패했다는 점에서 볼 때 매우 그질적이다. 고질적인 시간낭비의 원인들에는 창조적인, 전에 시도하지 않았던 색다른 대처 방법이 필요하다. 오늘 자신의 시간을 가장 많이 앗아가는 일을 놓고 브레인스토밍을 해보자. 그리고 실행할 아이디어를 한두 가지 선택하자. 지금 시도하는 방법에 효과가 없다면 반드시 다른 것을 시도하자.

중압감에서 벗어나려 하면 할수록 피하려 했던 스트레스만 가중된다.
Beating your way out of work pressure
Only adds to the stress you are trying to avoid

TIME

Chapter 10

중압감을 벗어버려라

시간관리란 중요한 일에 초점을 맞추고 사소한 일들을 관리하는 현명한 선택을 하는 것이다. 그러나 선택을 하는 일은 쉽지도 편안하지도 않다. 아이에게 초콜릿을 한 개 주면 바로 받아먹는다. 그러나 초콜릿과 사탕 가운데 하나를 선택하게 하면 바로 스트레스를 받는 표정이 된다. 일에서 받는 스트레스는 대부분 관리자들이 겪는 여러 가지 어려움과 선택의 혼란 때문이다. 더 나은 선택으로 인한 일에서 받는 중압감에 반응하는 사람이 있는가 하면 중압감을 회피하려 하면서 일하는 시간만 늘리는 사람도 있다.

Distress the Work Pressure

중압감을 벗어버려라

● 유스트레스와 디스트레스(distress)

모든 스트레스가 나쁜 것은 아니다. 유토피아와 스트레스의 합성어인 유스트레스(eu-stress)는 위기에 대응하고 변화를 수용하게 하면서 최고의 능력을 이끌어내는, 이른바 건강에 좋은 스트레스이다. 관리자들에게는 많이 필요한 스트레스라고 하겠다. 그러나 우리가 많이 느끼는 스트레스의 부정적인 면은 수용능력 이상으로 우리를 몰아대는 끊임없는 중압감에서 기인한다. 그것이 우리를 화나게 하고 지치게 하며 때로는 소진하게 만든다.

직업상의 스트레스 원인

스트레스는 직업의 특성이나 사람의 성격과 관계 있다. 직업상의 스트레스 원인 가운데 가장 흔한 것들은 이렇다.
- 지속되는 촉박한 마감시간
- 과로
- 긴 근무시간
- 계획성 없이 급한 불만 끄는 습성
- 역할의 모호함과 불일치
- 직원들의 훈련부족
- 계속되는 부정적 평가

　관리자들이 경험하는 수많은 스트레스의 원인은 '과로'로 요약할 수 있다. 경쟁은 심해지고 자원은 제한된 가운데 더 나은 결과를 만들어내야 한다는 계속되는 중압감 속에서 오늘을 사는 사람들의 절반은 두 배의 임금을 받기 위해 세 배나 일을 더 하고 있다. 최근 설문 결과에 따르면 관리자 다섯 명 가운데 두 명은 일주일에 50시간 이상 일하고 여덟 명 가운데 한 명은 60시간 이상을 일한다. 물론 여기에 출퇴근 시간과 집에서 일하는 시간은 포함되지 않았다. 더 열심히 오래 일해야 한다는 중압감은 영국의 사무직근로자를 대상으로 한 최근 설문에 반영되었다. 그들 가운데 25퍼센트의 점심시간은 30분 이하이고 20퍼센트는 점심을 자주 거르며 2퍼센트는 아예 점심시간이 없는 것으로 나타났다.

성격상의 스트레스 원인

스트레스는 직업의 형태에서 비롯되지만 우리의 성격과 일에서 받는 중압감에 대처하는 방식에서도 온다. 스트레스와 성격에 관한 한 연구에서 로즈먼과 프리드먼 박사는 건강한 남성 3,500명을 대상으로 스트레스 상황에서 어떤 대응을 하는지를 조사했다. 우선 그들의 생활방식과 중압감에 대처하는 방식을 기초로 하여 그들의 성격을 *A타입*과 *B타입*으로 분류했다. 그리고 *A타입*은 *B타입*보다 심장마비에 걸릴 위험이 높다고 예견했다. 10년의 연구기간 동안 관상동맥질환에 걸린 사람은 250명이었고 그 가운데 *A타입*의 사람이 85퍼센트를 차지했다.

A타입	B타입
매우 경쟁심이 강하다	경쟁심이 없다
강하고 저돌적이다	쉽게 생각한다
모든 일을 빨리 한다	조직적이다
야심만만하다	적당한 야심이 있다
인내심이 없다	일이 늦어져도 화내지 않는다
시간에 매우 민감하다	시간에 민감하지 않다
가만히 있지 못한다	활동하지 않는 시간을 즐긴다

*A타입*의 사람들이 적극적으로 부딪치며 일이 늦어지는 것을 못 참고 항상 책임을 맡을 준비가 되어 있으며 마감이 촉박한 일을 잘하는 반면, *B타입*의 사람들은 침착하고 질서정연하며 화를 잘 내지 않는다. 이 두 형식을 모두 갖춘 사람들이 대부분이지만 성공한 관리자들 가운데는 *A타입*의 성격에 가까운 사람이 많다.

중압감을 벗어버려라

● 증상과 원인

스트레스가 많은 환경에서 일하거나 성격상 스트레스를 많이 받는다면 문제의 원인은 중압감이 아니라 그것에 반응하는 방식에 있다. 일에서 받는 중압감에 대처하기 위해 스트레스를 다루는 세 가지 전략을 검토해보자.

증상을 인식하라

조직생활은 직접적으로 스트레스를 유발시키는 것이 아니라 그런 환경을 조성해주기만 한다. 일의 중압감을 처음 경험할 때 사람들은 일이 끝나면 중압감도 사라질 것으로 기대하며 그 증상을 무시하거나 자가 치료나 술, 커피 등으로 가라앉히려 든다. 증상이 다시 나타날 때는 그것을 경고의 신호로 받아들이는 대신 일의 일부라고 합리화하거나 개인의 단점으로 치부해버린다. 그러나 스트레스의 첫 신호를 확인하지 않으면 고혈압이나 관절염처럼 치명적인 질병으로 이어진다. 그리고 최근에는 천식과 당뇨, 암처럼 무서운 질병도 스트레스와 관련이 있다는 연구결과가 나오고 있다.

스트레스 신호

신체적	정신적
피로	분노
수면장애	제어할 수 없는 기분
근육통	다른 사람을 대할 때 움츠러드는 기분
소화불량	집중력 저하
두통	긴장을 풀지 못함
가슴 두근거림	자긍심 상실
피부질환	건강에 대한 염려

표 10.1 : 스트레스 요인

- CBI(영국산업연맹, Confederation of British Industries, 25만 명의 직·간접 회원사의 이익을 대변하는, 비영리·탈정당적 정치단체) 설문 결과 결근 이유의 30~40퍼센트는 스트레스가 주된 원인이었다.
- 영국에서는 한 해에 조사대상자의 9천만 일(日)이 스트레스로 허비된다.

- 한 해에 스트레스로 발생하는 비용은 200억 유로이다. 최근의 보고에서는, 일에 대한 통제력이 부족해서 스트레스를 받는 근로자는 세 명 가운데 한 명으로 나타났다.
- 스웨덴에서 스트레스가 원인인 심장질환을 치료하는 데 드는 비용은 31억9천만 유로이다.
- 아일랜드에서는 20명 가운데 한 명이 우울증을 앓고 있다.
- 미국에서는 해마다 진정제와 수면제에 각각 2억9천5백만 달러와 1억9천5백만 달러가 소비된다.

스트레스는 중압감의 부정적인 면과 연결되어 있는 반면, 성공과도 밀접하게 연관되어 있다. 오랜 시간 축적된 스트레스 때문에 생기는 신경쇠약은 단기간에 나타나는 증상은 없지만 장기적으로 분노와 무력감, 일에서 헤어나지 못하는 답답함, 일에 대한 환멸, 스스로 정한 속도를 유지하려는 힘겨운 노력 때문에 정신적 장애를 유발시킨다. '신경쇠약'의 개념을 일반화한 프로이덴버거 박사에 따르면, '역동적이고 카리스마가 있으며 목표를 향해 매진하는' 사람이 이 질환에 걸릴 가능성이 높단다. 이 성격은 많은 성공한 관리자들의 것과 상당히 일치한다.

표 10.2 : 당신의 신경쇠약 정도는 얼마인가?
아래의 증상들이 얼마나 자주 나타나는가?

거의 없다=1, 가끔=2, 자주=3, 매우 자주=4

휴식을 해도 쉰 것 같지 않다	
성취감이 없다	
미래가 불안하다	
함정에 빠진 느낌이다	
일에 흥미를 느끼지 못한다	
다른 사람과 의사소통을 잘 못한다	
일을 제대로 할 시간이 없다	
일이 너무 힘들다	
다른 사람에게서 전혀 도움을 받지 못한다	
동료들은 항상 불평만 한다	
아프다고 느낄 때가 많다	
기회를 놓친 일을 후회한다	
방향감각이 전혀 없다	
자긍심이 낮다	
동료들이 잘 협력해주지 않는다	
계	

점수 해석

54-60 : 신경쇠약	44-53 : 신경쇠약에 가깝다
34-43 : 신경쇠약의 초기 증상	24-33 : 나쁘지 않다
15-23 : 건강한 상태이다	

스트레스의 원인을 줄여라

스트레스를 관리하는 전통적인 접근방식은 중압감의 원인을 제거하고 근무조건을 개선하는 일에 초점이 맞춰져 있지만, 스트레스가 많은 환경에서 일할 때 날마다 받는 영향을 최소화하는 일에 중심을 두는 방식들도 있다. 중압감 때문에 괴롭고 통제가 어렵다고 느낀다면 그것을 피하려 하지 말고 그 기분을 완화시키려 노력해보자.

호흡. 사람들은 화가 나면 숨을 가쁘게 쉰다. 이것은 산소공급을 제한할 뿐만 아니라 혈액 속의 이산화탄소를 증가시키고 혈관을 수축시켜 뇌로 공급되는 산소를 줄이고 긴장과 당혹감을 더한다. 분노를 가라앉히는 간단한 방법은 숨을 서너 번 깊이 쉬면서 가능한 한 많은 공기를 들이마시고 '침착'이라는 단어를 말하면서 조용히 숨을 내쉬는 것이다. 몸에 정신을 집중하고 머리에서 긴장을 몰아낸다.

자주 휴식하며 근육을 늘려준다. 중압감을 느끼면, 사람들은 근육이 긴장되고 알 수 없는 통증에 시달리며 몸 전체가 뻣뻣해진다. 이럴 땐 한 시간마다 휴식하면서 스트레칭을 한다. 돌아가면서 근육을 긴장시켰다가 이완시키던 이런 증상이 사라진다. 발끝을 무릎 쪽으로 당기고 열을 세면서 다리 뒤쪽의 긴장감을 느낀다. 이제 긴장감이 사라지는 것을 느끼며 천천히 이완시킨다. 허벅지를 얼굴 가까이로 올리고 입을 크게 벌려 턱을 이완시킨 후 열을 센다. 근육의 긴장을 풀고 몇 분 동안 휴식한다.

낮잠을 잔다. 유명한 사람들 중에는 피로를 회복하는 수단으로 짧은 낮잠을 즐기는 이들이 많다. 앨버트 아인슈타인, 존 케네디 그리고 윈

스턴 처칠이 그들이다. 빌리 그래함 목사는 중요한 설교를 하기 전 항상 낮잠을 잤고 비즈니스 상담가에서 유명한 스포츠인으로 변신한 마크 매코맥은 점심시간의 휴식을 중요한 하루 일과의 하나로 정하고 있다. 심리학자들은 낮잠에 관한 최근의 연구에서, 몸의 에너지는 하루의 중간에서 급격히 줄어든다는 사실을 발견하고, 그리스와 멕시코처럼 시에스타 문화를 도입하자고 제안하기도 했다.

> 전하는 말에 따르면 화가 살바도르 달리는 낮잠을 자주 잤다고 한다. 그는 깊이 잠들지 않으려고 의자에 앉아 손가락 사이에 숟가락을 느슨히 쥐고 팔을 아래로 늘어뜨린 채 낮잠을 청했다. 숟가락 아래의 바닥에는 양철 쟁반을 놓고서 말이다. 그는 숟가락이 바닥에 떨어지기 전까지의 얕은 잠으로도 기분이 전환되기에 충분하다고 말했다.

파워워킹을 하라. 점심을 먹은 후에 피곤이 엄습한다거나 저녁을 많이 먹고 나서 곧장 편안한 의자에 앉는 습관이 있다면 밖으로 나가 20분 동안 빠르게 걷는 습관을 들이자. 빨리 걷기는 소화를 도울 뿐만 아니라 혈압을 정상으로 되돌리고 콜레스테롤을 낮춘다. 파워워킹은 신진대사율을 증가시키고(칼로리를 소모시키고) 맥박을 증가시키는 속도로 걷는 것을 말한다. 일 초에 두 걸음 또는 보통의 박수치는 속도와 같다.

근본이 되는 원인을 제거하라

좀처럼 사라지지 않는 스트레스 증세는 대부분 오랫동안 누적된 피로의 결과다. 관리자라는 위치는 건강의 위협을 받기에 좋은 직업이므로 정신적인 건강을 유지하는 것은 모든 관리자들에게 매우 중요한 부분이다. 그리고 가장 효과적인 방법은 규칙적인 운동이다.

유산소운동. 유산소운동은 최소한 일주일에 두 번 이상 규칙적으로 하고 20분 이상 지속해야 산소를 충분히 흡수할 수 있다. 유산소운동의 효과는 표준 운동 프로그램을 따르거나 자전거, 테니스, 조깅, 수영, 빨리 걷기 등의 운동을 통해 달성할 수 있다. 가장 중요한 점은 바쁜 일과 속에 끼워넣은 또 하나의 과제로서가 아니라 즐겁게 해야 한다는 사실이다.

동호회에 가입하거나 운동시간을 일정하게 정해두고 다른 사람을 참여시키거나 자신의 발전과정을 기록하는 것도 운동을 꾸준히 하는 데 도움이 된다. 미니마라톤을 계획하거나 체중감량을 놓고 내기를 하는 등 모든 운동에 도전 목표를 정하는 것도 좋다. 주마다 다른 사람들과 테니스나 수영을 하기로 약속하거나 퇴근 후 바로 헬스클럽에 간다는 계획을 세워, 정확한 시간에 사무실에서 나가는 일도 건강하게 운동하는 또 다른 방법이다.

정신건강을 유지하라. 마하리쉬 요가가 개발한 초자연적 명상법(TM : Transcendental Meditation)인 '긴장완화반응'은 허버트 벤슨 박사의 노력으로 유명해졌다. 바쁘게 줄달음치는 생각의 속도를 진정시키는 방법으로 하루에 두 번 20분 동안 만트라(mantra, 석가의 깨달음을 나타내는 말), 즉 침묵의 소리를 반복한다. 긴장완화반응의 다섯 가지 단계는 간단하고도 단순하다.

1. 편안한 자세로 앉는다.
2. 눈을 감는다.
3. 발부터 시작해 얼굴을 향해 근육을 하나씩 이완시킨다. 그 상태를 유지한다.
4. 코로 숨을 쉬면서 자신의 호흡을 느낀다. 숨을 내쉴 때마다 '하나' 하고 조용히 말한다.
5. 20분 동안 계속 몸을 이완하고 시간이 지난 후에도 몇 분 동안 조용히 앉아 있는다.

긴장완화반응의 효과를 증명하는 실험에서 고혈압이 있는 사람 80명에게 9주 동안 하루에 두 번 명상할 것을 권했다. 실험이 진행되는 동안 수축기압과 확장기압이 평균 10밀리미터 떨어져 혈압이 정상수치로 회복되었다. 또 흥미롭게도 실험 후에 명상을 중단한 사람들의 혈압은 곧 원래의 수치로 돌아갔다.

일찍 먹고 간식을 자주 먹자. 피로와 불안감이 유발하는 갖가지 문제들은 주로 영양섭취의 불균형 때문에 생긴다. 우리는 아침 일찍부터 저녁까지 줄곧 커피를 마시며 과자부스러기를 간식으로 먹고 점심은 허겁지겁 해결하는 관리자들의 모습에 익숙하다. 인시드(INSEAD)의 의학감독이며 『도시의 전사(The Urban Warrior)』의 저자인 마이클 맥개논 박사의 말에 따르면 음식 때문에 발생하는 피로감과 싸우기 위해서는 다음의 행동계획에 따라야 한다.

1. 점심을 먹고 난 후에는 15~20분 동안 빨리 걷는다.
2. 단백질과 녹말 식품은 잘 맞지 않으므로 함께 먹지 않는다.
3. 점심시간에는 술을 삼간다.

4. 혈당이 내려가지 않도록 조심하기 위해, 식사시간 사이에 견과류나 치즈, 과일 등의 간식을 먹는다.
5. 커피를 제한한다.
6. 식사시간 사이에 물을 하루 2~3리터씩 마신다.

커피와 설탕이 힘을 내게 한다는 믿음과는 반대로 이것들은 부신샘을 자극해서 인슐린 분비를 증가시켜 피로를 더 많이 느끼게 한다. 단 음식이나 비스킷도 일시적으로는 활력을 높여주지만 시간이 지나면 더욱 피로하게 만드는 것들이다. 피로를 느끼지 않으려면 열량이 높은 음식을 오전에 섭취하는 것이 중요하다. 토스트와 시리얼, 커피로 때우는 간단한 아침식사보다는 설탕과 지방이 함유된 식단이 천천히 소화되므로 가장 좋다. 그리고 숙면에 방해가 되므로 밤늦게는 먹지 않는다. '아침은 황제처럼, 점심은 왕자처럼 그리고 저녁은 거지처럼' 이라는 오랜 격언을 새겨볼 만하다.

완벽주의를 버려라. 직장에서 가장 스트레스를 잘 받는 사람들은 모든 일을 혼자 처리하고 다른 사람을 믿지 못하며 모든 일이 급하고 중요하다고 믿는 완벽주의자들이다. 완벽주의 때문에 휴식이나 즐거움을 거부하고 있다면, 스트레스를 더해주는 습관들을 대체해줄 만한 좋은 습관을 들이는 몇 가지 방법을 써보자.

1. 직장까지의 거리의 전체 또는 일부분을 걸어다니거나 점심 시간에 밖으로 나가서 걷는다.
2. 한 달에 두 번 가족과 함께 주말을 보낸다.

3. 일이나 가족에 대한 책임 중 한 가지를 다른 사람에게 맡긴다.
4. 일에 쏟아붓는 시간을 계산해서 줄일 수 있도록 계획한다.
5. 중요한 위치에 있는 직원들과 시간을 많이 보내면서 다른 사람을 신뢰하는 법을 배운다.
6. 회의를 시작하고 끝내는 시간을 정한다 – 과제마다 제한시간을 정한다(모든 일을 잘할 필요는 없다).
7. 조용한 시간이나 20분의 낮잠시간을 계획한다.
8. 일주일에 한두 번 30분 정도의 독서시간을 계획한다 – 커피숍이나 공원처럼 편안한 곳에서 읽는다.
9. 일주일에 한 번 이상 동료나 친구와 점심을 먹는다.
10. 반성과 계획을 할 수 있도록 일기를 쓴다.

관리자들의 일은 위험하다. 의사나 변호사, 교사와 달리 관리자들의 성공은 고객의 수나 교실에서 보내는 시간으로 측정할 수 없다. 그들은 달성한 목표로 평가된다. 그러나 그것은 모호하고 오랜 기간이 필요하며 그들의 통제력을 벗어나 있다. 관리자들은 더 열심히 오래 일하면 성공할 기회가 많다고 믿는 위험에 자주 빠진다. 관리 분야에서는 열심히 일한다고 해서 성공이 보장되는 것은 아니다. 훨씬 더 중요한 것은 미래의 목표를 분명히 하고 우선순위에 집중하면서 동시에 바쁘게 일하면 효율이 떨어진다는 사실을 인식하는 일이다.

효과적인 관리란, 시간 선택을 잘하고 모든 일을 잘하려 하지 않으며 잘해야 될 일을 잘하는 것이다. 모든 일에 집중한다는 것은 아무

일에도 집중하지 않는다는 뜻이며, 오랜 시간 일하고도 실망과 스트레스만 남기는 지름길이다. 마감시간을 맞추거나 위기를 잘 넘기는 성취감을 느끼려면 이따금씩 찾아오는 중압감도 필요하지만, 이것이 잦아지면 정신을 쇠약하게 하는 걱정거리가 되고 시간이 지나면서 변하지 않는 상태로 굳어진다. 스트레스는 관리라는 일의 특성과 깊이 연관되어 있지만 중압감에 대처하는 방법에 따라 그 결과는 크게 달라진다. 스트레스의 증상을 확실한 자료로 인식하면서 날마다 일에서 받는 중압감을 줄이는 방법을 찾고 근본이 되는 원인을 제거하자. 당신은 시간을 죽일 수 없지만 시간은 당신을 죽일 수도 있다.

시간관리를 잘하는 방법

열심히 일하는 것은 힘들지만 성취감은 힘을 샘솟게 한다. 스트레스의 부정적인 증상을 느낀다면 절대로 무시하지 말고 변화를 시도하라. 관리는 스트레스를 많이 받는 직업이므로 점심시간에 20분 동안 걷거나 긴장감을 느낄 때 일을 멈추고 근육을 이완시키거나 짧은 낮잠을 자는 방법 등으로 중압감을 줄이자.

스트레스를 줄이는 장기적인 방법에는 규칙적인 운동과 균형 있는 식사, 근무시간 조절, 자신의 일하는 방식 점검, 휴가 계획 등이 있다. 중압감의 피해자가 되지 말고 그것을 관리하는 사람이 되자.

성공을 분석하면 성공이 당신을 분석하고
실패를 분석하면 성공이 찾아올 것이다.

If you identify with success it identifies with you
Identify with failure and you will succeed-at failing

TIME

Chapter 11

실천하라

간신히 살아가는 사람들도 있지만 수많은 것들을 성취하며 살아가는 사람이 얼마나 많은지 생각해본 적 있는가? 사람들은 왜 자신에게 일어나는 일을 받아들이지 않고 스스로 삶을 만들어가는가? 일에서 성공한 사람들이 개인의 삶에서 만족하지 못하는 모습을 보고 의아하게 여긴 적이 있는가? 우리는 개인의 삶이나 일의 성공을 자신감이나 재능, 돈 혹은 카리스마 때문에 획득한 것이라고 생각하지만 인생의 성공은 대부분 성공하기 위해 계획하고 계획에 따라 실천한 사람들에게 주어진다. 유행하는 말처럼, '너의 재능이 아니라 그 재능으로 무엇을 하느냐'가 중요하다.

Start to Make it Happen

실 천 하 라

● 성공을 계획하라

관리자들에게 부족한 것은 시간이 아니라 방향감각과 에너지다. 방향을 정하는 여러 출발점 가운데 하나는 자신의 야심과 야망이다. 하루하루의 일을 관리하고 결과를 얻는 일이 자신의 직업이라고 해도 관리자는 미래를 계획하고 변화를 만들며 발전시키고 새로운 아이디어를 도입할 책임이 있다. 즉, 지도력을 발휘하는 일 역시 자신의 역할인 것이다.

> 앞으로 2년 동안의 미래를 계획하는 짧은 글을 써보자. 지금까지 일해온 모습과 어떻게 다른가? 그 기간에 성취하려는 목표는 무엇인가? 세 항목에 밑줄을 긋고 다음 6개월 동안 실천할 주제로 삼아라. 그리고 크게 써서 사무실 벽이나 책상 앞에 붙이자. 당신의 역할은 단지 운영만이 아니라 목표를 정하고 성취해가는 일이다. 세 달 후의 하루를 수첩에 표시하고 그날을 자신의 장기목표를 향한 진행과정을 평가하는 날로 삼자.

오늘이나 이번 주의 계획은 잘하지만 장기적인 비전이나 목표를 계획하는 일은 어려워하는 관리자들이 많다. 결혼을 앞둔 연인들이 결혼생활보다는 결혼식을 준비하는 데 더 많은 시간을 할애하는 것처럼 관리자들도 미래를 내다보지 못한 채 계획을 세워 실패할 때가 많다. 장기적인 계획을 세우려면 오랜 시간 생각하고 그 일을 담당할 그룹을 만들어야 한다.

그러나 계획도 중요하지만 실천하는 일은 더욱 중요하다. 목표를 아는 것도 중요하지만 그것이 너무 모호하고 실행하는 데 오래 걸린다면 그것을 성취할 수 없다. 장기계획을 실천하려면 그것을 작은 도전과제들로 나눠 우선순위에 따라 단기과제들부터 실행하는 것이 좋다. 하루나 한 주 동안 하고 싶은 일을 미래의 계획과 연결해서 계획한 방향으로 움직이고, 그 과정에서 에너지를 얻을 수 있도록 하자.

실 천 하 라

● 삶의 균형을 되찾자

오늘날의 관리자들은 대부분 십 년 전의 관리자들보다 더 오랜 시간 힘들게 일하는 것이 사실이다. 그리고 일에서 스트레스를 받고 운동 부족에, 식사시간이 불규칙하고, 개인생활이 없는 것이 현실이다.

몇 년 전, 테니스 코치 휴가 때에 나는 피터를 만났다. 그는 2년 전 아침에 커피를 마시던 중 심장발작이 있었다고 이야기했다. 그리고 그 일이 자신에게는 정말 다행이었다고 했다. 나는 이해할 수 없었다. 그는 여러 해 동안 오랜 시간 일하느라 가족과 멀어지고, 결국 가족들도 그를 필요한 사람이라고 여기지 않게 되었다고 설명했다. 집에서 환영받지 못하자 그는 더 오랜 시간을 사무실에서 보냈다고 한다. 심장 수술을 받고 회복기 동안 가족과 보낸 시간은 잃었던 것을 되찾을 기회였고, 그는 자신의 생활방식을 바꾸기로 마음먹었다. 자신이 아니면 되는 일이 없다고 믿었는데 그가 없을 때 직원들이 더 큰 능력을 발휘했음을 발견했다. 또 관리자로서 자신의 역할은 시간을 투자하는 것이 아니라 지도력을 발휘하는 일임을 깨달았다.

유능한 관리자로 남으려면 개인적인 삶과 일의 균형을 잘 유지해야 한다. 늦게 퇴근하고 가족과 시간을 보내지 못하며 운동을 하지 않는 일에 죄책감을 갖지 말고, 그런 것들을 삶의 모든 면에서 성공하는 데 필요한 도전과제로 생각하라. 다음의 질문들에 대답하다보면 내년에는 어떤 열망을 품고 살아야 하는지 조금 분명해질 것이다.

- 내년에 개인적으로 가장 중요한 도전과제라고 생각되는 것은 두엇인가? 건강, 가족, 휴양, 정신적인 안정 등.
- 누구에게 더 많은 시간을 할애하겠는가? 배우자, 자녀, 친구, 부모, 이웃, 클럽, 사회집단 등
- 아직도 품고 있는 어린 시절의 꿈은 무엇인가? 여행, 인간관계 혹은 취미나 특기활동인가?
- 좀더 개발하고 싶은 재능이나 기술이 있는가? 언어, 연기, 컴퓨터, 골프, 자원봉사, 대중연설 등.
- 지난해에 결심한 것 가운데 포기한 일이 있는가? 체중감량, 금연, 인간관계, 경력, 생활방식, 교육 등.
- 마법의 지팡이가 있다면 당신의 생활방식에서 무엇을 바꾸고 싶은가?

삶의 균형을 되찾기 위해 앞으로 6개월 동안 실천할 수 있는 모든 것들을 생각나는 대로 적어보자. 그리고 다음 달에 집중해서 실천할 두 가지를 선택한다. 그것을 분명한 목표로 만든다. 이를테면 '다음 달 말까지 3킬로그램을 감량한다'든지 '다음 달 6일까지 4주 가족여행을 계획한다' 등이 있다.

실 천 하 라

● 계획은 미리 하고 실천은 지금 하라

　계획과 실천 사이에는 커다란 차이가 있다. 실천계획을 세웠다고 실천이 보장되는 것은 아니다. 대부분 계획단계를 넘어서지 못하기 일쑤다. 일이나 개인의 삶에서 변화를 원한다면 그것을 어려운 과제라고 생각하고 슬기롭게 다뤄야 한다. 코끼리를 잘 먹으려면 그것을 자른 후에 쉬운 조각부터 먹기 시작해야 한다. 성공이 에너지를 낳고 에너지가 성공을 낳는다는 사실을 명심하자. 장기적인 계획이나 야망을 인식하는 데 실패하는 관리자들이 많은 이유는 그들에게 방향감각이 없어서가 아니다. 날마다 반복되는 일상과 사소한 문제들에서 받는 중압감 때문에 보다 큰 과제에 도전할 에너지를 잃었기 때문이다.
　진정으로 자신의 시간관리 방식을 바꾸고 싶다면 앞으로 2주 동안 실천할 일을 정하기 전까지는 이 책을 덮지 않는다. 아무리 긴 여행도

첫걸음부터 시작된다는 사실을 잊지 말자.

 시간관리 방식을 개선하는 첫걸음으로 앞으로 2주 동안 철저히 실천할 항목 셋을 아래의 목록에서 선택하라.

- 일주일에 드 번 이상 일찍 퇴근한다.
- 일주일에 한 시간은 계획하는 시간으로 비워둔다.
- 부하에게 한 가지 과제를 책임지고 처리하도록 맡긴다.
- 날마다 '할 일 목록'을 쓰기 시작한다.
- 직원들이 가져온 문제는 해결책도 함께 제시될 때만 검토한다.
- 한 달의 최우선순위를 정하고 그것을 작은 과제로 나눈다.
- 주간 계획을 세운다.
- 변화가 필요한 부분에 대해 자료를 모은다. 전화통화나 회의시간 등.
- 집으로 일감을 가져가지 않는다.
- 한 달의 우선순위를 수정할 수 있는 규칙적인 시간을 정해서 수첩에 기록한다.
- 장기과제들은 마감시간을 알려 다른 사람의 점검을 의뢰한다.
- 일주일에 30분 정도 시간을 정해서 '순시'를 돈다.
- 일주일에 한 시간을 정해 서류작업이나 독서에 몰두한다.
- 상사와 함께 자신의 역할을 새롭게 정의한다.
- 약속 없이 사무실에 들르는 사람들에게는 대화를 끝내는 말을 사용한다. '그게 다입니까', '다른 문제는 없습니까' 등.

- 하루 또는 일주일에 한 시간은 다른 사람의 눈이 닿지 않는 곳으로 몸을 숨긴다.
- 중요한 일은 시간을 정확히 지켜 처리한다.
- 모든 회의는 정해진 시간에 시작하고 마친다.
- 전화통화의 횟수와 시간을 기록하고 줄일 수 있도록 계획한다.
- 시간일지를 이틀 이상 쓴다.
- 시간 배분에 있어서 자신의 나쁜 습관이 무엇인지 직원들에게 묻는다.
- 중요한 일은 에너지가 충만한 시간에 한다.
- 사업에 대해 생각할 수 있도록 다음 달의 두 시간을 비워둔다.
- 미뤄온 일 가운데 하나를 당장 시작한다.
- 낮잠이나 조용한 시간을 날마다 갖는다.
- 저녁마다 20~30분 동안 파워워킹을 한다.
- 이달에 가족이나 친구와 두 가지 이벤트를 한다.

선택한 세 가지 실천항목을 '할 일 목록'이나 주간계획표 또는 수첩에 적고 그것이 끝나면 또 다른 세 가지를 선택해 실천하면서 자신의 습관에 어떠한 변화가 있는지 살핀다. 실천하기 어려운 과제를 만나면 보다 쉬운 과제로 나누거나 그 행위를 통해서 정말로 변화를 원하는지 되돌아본다.

실 천 하 라

● 시간을 죽이는 습관을 방치할 때

삶의 방식을 바꿔보겠다는 포부는 습관이라는 커다란 힘에 부딪칠 때가 많다. 그것은 개인의 습관이나 조직의 습관 또는 '문화'라고 불리기도 한다. 관리자로서의 능력에 나쁜 영향을 미치는 행위들을 나열해 보자. 그것을 개인의 습관과 문화로 나누면 더욱 도움이 된다.

개인	문화
*집으로 일을 가져간다(A)	근무시간이 길다(A)
거절하지 못한다(A)	열린 문 정책
*시간계획을 못한다(A)	고객의 문의에 즉시 대응한다
과로(A)	*에너지가 충만한 시간에 회의를 한다(A)

가장 크게 문제되는 항목에 별표(★)를 붙여 그것을 먼저 개선하도

록 노력한다. 그리고 개선할 수 있는 항목들은 (A-actionable)로 표시한다. 개선할 권한이 없는 일에 노력을 허비하지 말자. 이제 가장 중요하고도 개선의 여지가 있는 두 가지 문제를 해결해보자.

작은 과제로 나누라

나쁜 습관을 아기코끼리처럼 다루자. 문제 전체를 개선할 수는 없지만 쉬운 부분부터 고치기 시작할 수는 있을 것이다. 시간계획을 잘 못하는 습관을 해결하려면 다음의 과제들 중 하나부터 시작하는 것이 좋다.

- 날마다 '할 일 목록'을 만든다.
- 상사와 함께 당신의 최우선순위를 다시 정의한다.
- 직원들과 함께 월요회의를 연다.
- 프로젝트 준비 시간을 확실하게 비우고 수첩에 꼼꼼히 표시한다.
- 월요일 아침마다 30분씩 정해놓고 중요한 프로젝트를 점검한다.

나쁜 습관을 좋은 습관으로 바꿔라

자신의 좋은 습관이 무엇인지 파악하라. 그러면 나쁜 습관을 버리는 데 도움이 된다. 나쁜 습관을 없애려면 다른 것으로 대체하는 것이 가장 좋다. 예를 들어 일주일에 한 번씩 저녁에 영화나 연극, 외식을 하면 늦게까지 일하는 습관을 고칠 수 있다.

> ○ 세상에서 불행한 일이 있다면 그것은 바로 좋은 습관이 나쁜 습관보다 훨씬 버리기가 쉽다는 사실이다. – 서거셋 모건

좋은 습관을 권장하라

어떤 사람들이 금연이나 체중감량을 전혀 시도하지 않는 것은 실패를 너무나 두려워하기 때문이다. 우리는 '선택의 여지가 없어' 또는 '내 권한 밖이야'라는 말로 자신을 실패의 길로 몰아갈 때가 많다. 이런 부정적인 말은 우리의 에너지를 소진시키며 성공의 가능성을 막고 실패에만 집중하게 만든다.

바꾸고 싶은 습관이 있다면 이런 말로 자신을 격려해보자. '나는 일찍 퇴근할 것이다. 회의계획을 더 잘할 것이다. 나에게는 통제력이 있다.' 또 상사나 직원들에게 자신의 계획을 알리고 도움을 구하자. 예를 들어 제때에 퇴근하기, 한 달의 우선순위 정하기 또는 시간낭비의 원인 하나를 제거하는 것이 목표라면 그들에게 진행과정을 점검하고 달성했을 때 칭찬을 해달라고 부탁하자.

꾸준히 노력하라

성공한 관리자와 그렇지 않은 관리자들을 비교한 연구결과를 통해 발견된 중요한 차이점은, 성공한 관리자들이 조금더 꾸준히 노력했다는 사실이다. 체중을 관리해주는 사람들의 주장에 따르면 평생 쌓아온 나쁜 습관을 깨뜨리는 데는 적어도 31일이 걸린다. 이렇듯 성공에는 시간이 필요하다. '할 일 목록'을 만들거나 조용한 시간을 갖는 등 할 수 있는 일은 당장 시작하고 그것을 3주 이상 꾸준히 계속한다. 그때까지도 효과가 없으면 다른 방법으로 바꾼다. 모든 일이 그렇듯 나쁜 습관을 바꾸는 데도 정답은 없다. 다만 당신의 특별한 상황에 맞는 것과 그렇지 않은 것이 있을 뿐이다. 지금 가지고 있는 방법들이 모두 효과가 없다고 해서 자신을 실패자라고 생각하지는 말라. 성공해야 할 또 다른 도전과제가 있다고 생각하자.

시간을 관리하는 일은 조직적으로 일하거나 일의 흐름을 빠르게 하는 비결이 아니다. 시간관리는 집중해야 할 일을 정확히 바라보고 그곳에 시간과 에너지를 투자하는 과정이다. 그리고 모든 여행이 그렇듯이 여기에도 방향과 에너지와 인내심이 필요하다.

이 책이 관리자로서 당신이 성취하려는 것을 방해하는 습관의 문제점을 인식시키고 나아갈 방향을 알리는 지침이 되었기를 바란다. 그리고 열심히 노력하는 사람에게 주어지는 기쁨은 자신을 잘 관리한 사람에게 돌아가는 보상이란 사실을 명심하자. 그 여정을 즐겁게 걸어가기 바란다.

시간관리를 잘하는 방법

인생은 목적지가 아니다. 목적을 향해 가는 여정일 뿐이다. 시간을 잘 관리하는 일은 일과 개인 생활의 균형감각을 갖는다는 뜻이다. 채워지지 않은 야망이 있는가? 앞으로 몇 달 동안 실천할 수 있는 것인가? 당신의 일이나 삶 속에서 바꾸고 싶은 부분이 있는가? 한 달 안에 할 수 있는 일인가? 중단하거나 시간을 줄이고 싶은 일이 있는가? 그것을 이번 주부터 시작할 수 있는가?

목표에 집중함으로써 당신과 당신의 시간을 잘 관리하라. 그리고 일과 삶 속에서 성취하려는 것을 막는 방해물에 잘 대처하라. 당신은 코끼리를 잡을 것인가, 아니면 평생 개미들과 씨름만 할 것인가!

옛 히브리인들의 기도

탄생은 출발입니다

죽음은 종착역입니다

그리고 인생은 그 여정입니다

어린아이에서 성인으로

젊은이에서 노인으로

무지함에서 인식으로

모름에서 앎으로

바보스러움에서 분별로

지혜로

약함에서 강함으로

혹은 강함에서 약함으로 - 그리고 그 역으로

건강함에서 병듦으로 그리고 기도하건대

다시 건강으로

상처를 주는 것에서 용서로

외로움에서 사랑으로

즐거움에서 감사로

고통에서 불쌍히 여김으로

슬픔에서 이해로 – 두려움에서 믿음으로

패함에서 패하고 또 패함으로

뒤나 앞을 돌아보면

우리는 승리가

어떤 높은 곳이 아니라

한 단계 한 단계 나아가는 여정 속에

있음을 알게 됩니다.

{ 잘나가는 직장상사의 }
시간관리 비법

지은이 · 톰 맥코낼로그 | 옮긴이 · 정혜정 | 펴낸이 · 박은서 | 펴낸곳 · **새론북스**
편집 · 송이령, 김선숙, 석호주, 송훈의 | 마케팅 · 권영제
주소 · (412-820) 경기도 고양시 덕양구 토당동 836-8 칠성빌딩 301호
TEL · (031) 978-8767 | FAX · (031) 978-8769
http://www.jubyunin.co.kr | myjubyunin@naver.com

초판 1쇄 발행일 · 2004년 8월 10일
개정판 1쇄 발행일 · 2007년 12월 10일 | 개정판 2쇄 발행일 · 2009년 5월 7일

© 새론북스
ISBN 978-89-91605-75-6(03320)

*책값은 표지에 있습니다. 잘못 만들어진 책은 바꾸어 드립니다.